Mère Colette

Cl. Valle, Rouen.

Mère COLETTE

(Mlle Marie Perrière)

1843-1914

L'ABBÉ A. AILLET
CHANOINE HONORAIRE

MÈRE COLETTE

Religieuse Franciscaine
~ Servante de Marie ~

Vie et Œuvres

ROUEN
IMPRIMERIE DE LA VICOMTÉ
Rue de la Vicomté, 75
—
1927

NIHIL OBSTAT
Rotomagi, die 31 Maii 1927
L. JOUEN,
Canon.
Censor deputatus.

IMPRIMATUR
Rotomagi, die 17 Junii 1927
† ANDREAS,
Archiep. Rotomagen
Normanniæ Primas

Lettres de NN. SS. les Evêques

ARCHEVÊCHÉ
DE
ROUEN

Rouen, le 17 Juin 1927.

CHER MONSIEUR LE CHANOINE,

Toute une génération rouennaise a connu la Mère Colette et bénéficié de sa charité qui, pour les uns, prodiguait les bienfaits, mais qui donnait à tous, à la même heure, une entraînante leçon. Vive, pleine d'esprit, elle avait des mots qui provoquaient le sourire joyeux sous lequel se voilait l'émotion du cœur. Elle a mis sur pied une belle œuvre et laissé derrière elle une réputation de femme supérieure. Fine normande, elle était surtout une fervente religieuse. Sa volonté de fer servit toujours sa mission de supérieure et de fondatrice d'œuvres, sans se détourner un instant de son but. Cette clarté de vue, ce solide bon sens s'éclairaient toujours d'un rayon de foi. Combien vous avez eu raison de prendre la plume, en témoin autorisé, et de nous raconter ce que vous avez vu, ce que vous avez entendu ! Voilà certes une biographie qui fera plaisir à tous ceux qui, comme vous, l'ont connue ; elle intéressera tout lecteur chrétien, qui comprendra la leçon que nous donne le Divin Maître dans la parabole du Bon Samaritain.

Religieuse Franciscaine Servante de Marie, Supérieure de la Maison de Rouen, elle aima le bon Dieu et les âmes. Son instruction fort ordinaire ne lui promettait en apparence que le rôle réservé à quiconque n'a reçu qu'un talent, mais son intelligence peu vulgaire profita largement à l'école de l'expérience. Elle se développa d'une manière inattendue et sa conversation n'avait rien de banal avec son mélange de bonhomie et de savoir faire. Ses mots à l'emporte-pièce restent dans toutes les mémoires. Rien ne l'embarrassait et, dans les difficultés, elle savait opérer des rétablissements rapides. Dieu sait pourtant qu'elles ne lui manquèrent pas, car elle alliait aux soucis du dedans une immense pitié pour la clientèle variée qui, dans la rue et sur les quais, lui contait sa misère avec l'assurance d'être comprise et souvent soulagée. Son cœur sensible s'apitoyait, en effet, sur toute souffrance qu'elle rencontrait sur son chemin. Avec le bel abandon de saint François, l'amant de la sainte pauvreté, elle avait les audaces de sainte Colette, dont elle portait le nom et dont, en quelque manière, elle partageait la hardiesse d'action. Vous écrivez, cher Monsieur le Chanoine, qu'avec une culture supérieure elle eût fait une femme transcendante. C'est vrai !

Dans quelques jours je bénirai la chapelle agrandie de la rue de Joyeuse. Avec quel bonheur Mère Colette eût applaudi chaleureusement à cet élargissement du foyer central de chaleur et de vie de sa chère maison ! La sainte table, le tabernacle, voilà pour son âme, comme pour celle de ses protégés, la suprême ressource. Remarquez cependant à quelle date nous inaugurerons les travaux, le 26 juillet en la fête de sainte Anne. Née dans le voisinage de la Bretagne, sous les murs d'Avranches, elle professait pour la grand'mère de Jésus la confiance sans mesure des Bretons. Elle l'invoquait en ses difficultés, sans hésitation et se savait à l'avance exaucée. Proclamons bien haut l'efficacité de ce patronage ; il nous explique l'œuvre accomplie : voilà pourquoi cette dévotion demeure dans la chère maison comme un patrimoine chèrement conservé.

Six maisons fondées par elle, 80 sœurs réparties dans ces couvents, et cela en 37 années de gouvernement, des œuvres multiples et prospères manifestent le rayonnement de son âme en collaboration avec sa puissante protectrice. Elle avait le droit de revivre dans une intéressante biographie pour fixer l'esprit qui pénètre son œuvre aujourd'hui comme hier.

En obéissant, elle avait appris à commander. Sous une forme originale, elle obtenait tout de ses inférieurs et le ton pittoresque de ses ordres arrêtait les objections. Solidement formée au postulat, au noviciat, elle ne garda de sa nature primesautière et vive que cette vivacité inventive qui lui suggérait les réponses les plus imprévues et les industries de zèle les plus inattendues. Les anecdotes nombreuses que vous avez recueillies, cher Monsieur le Chanoine, animent votre récit et lui donnent une agréable saveur, en mettant en relief cet aspect amusant de sa personnalité.

Aussi votre livre trouvera de nombreux lecteurs, il les édifiera, il révèlera les mystères de la charité chrétienne dans une grande ville comme Rouen : puisse-t-il susciter des dévouements comme celui de Mère Colette et provoquer le sens de la générosité comme sa contagieuse pitié pour toutes les misères qu'elle rencontrait sur son chemin !

Agréez, cher Monsieur le Chanoine, l'assurance de mes sentiments paternellement dévoués en Notre-Seigneur, avec mes bénédictions pour votre personne et pour votre œuvre.

† ANDRÉ,
Archevêque de Rouen.

ÉVÊCHÉ
DE
BAYEUX

Bayeux, le 23 Juin 1927.

CHER MONSIEUR LE CHANOINE,

J'ai lu, avec grand intérêt, votre publication sur Mère Colette.

Sa lecture m'a été agréable, non pas seulement en réveillant dans ma mémoire des souvenirs rouennais, mais encore et surtout en me mettant devant une âme énergique et pieuse.

Les qualités natives de Mère Colette lui donnaient, au premier abord, un air un peu fruste ; en la voyant davantage, on admirait sa loyauté et sa franchise.

La piété y ajouta de la délicatesse, de l'énergie dans la volonté et une confiance inaltérable en la Providence. Ces vertus surnaturelles complétaient ce qui pouvait humainement lui manquer. Elle fut une femme d'organisation et une religieuse de premier ordre pour créer et développer les œuvres.

Vous permettez de voir en cette âme les dons de Dieu et les vertus développées par la vie religieuse.

En plus d'une étude ajoutée à l'histoire de la charité catholique à Rouen, vous avez écrit un livre instructif et édifiant pour la famille religieuse à laquelle Mère Colette appartenait et pour les autres âmes consacrées à Dieu. Je vous en félicite.

Agréez, cher Monsieur le Chanoine, l'assurance de mes sentiments affectueusement dévoués en Notre-Seigneur.

† THOMAS,
Evêque de Bayeux et Lisieux.

Evêché
de
Saint-Flour

Saint-Flour, le 7 Juillet 1927.

Monsieur le Chanoine,

J'ai lu avec un vif intérêt la notice que vous avez consacrée à la Révérende Mère Colette, à l'occasion du cinquantenaire de l'arrivée des Sœurs Franciscaines à Rouen.

Monseigneur l'Archevêque a daigné louer votre écrit; je me garderai de rien ajouter à cet éloge.

Permettez-moi seulement de vous dire le plaisir que j'ai eu, en vous lisant, à retrouver la physionomie si originale, si populaire, si vivante, de la dévouée Fondatrice des Sœurs Franciscaines, que j'ai eu le bonheur de voir, d'entendre et donc de connaître.

On se tromperait bien si l'on croyait connaître la Révérende Mère Colette uniquement par les réparties piquantes, un peu osées parfois, mais toujours très déférentes, qui ont fait le tour de la ville et du diocèse, ou par les bons mots qu'on se plaît encore à citer, sans parler de ceux qu'on lui prête. Certes, elle fut cela : enjouée, spirituelle, « fine normande », dites-vous ; mais elle fut surtout une Supérieure courageuse dans les difficultés, pleine de bon sens, gouvernant avec une autorité ferme et maternelle ; elle fut, par dessus tout, une Religieuse surnaturelle, respectueuse envers ses supérieurs, confiante en la divine Providence, charitable envers les pauvres de Notre-Seigneur, vraiment Fille de Saint-François.

Je ne sais si, le soir de la « cinquantaine » on allumera, rue de Joyeuse, un « feu de joie » comme vous racontez qu'elle le fit, un certain soir pour louer Dieu d'avoir béni une des entreprises de son zèle ; mais, je suis sûr qu'au Ciel il y aura beaucoup de joie dans le cœur de ceux et de celles pour qui la Mère Colette a été la généreuse ouvrière de leur salut et dans l'âme de tous les Fils et Filles de Saint-François qui, déjà établis dans la gloire du Paradis, l'ont vu travailler sur la terre avec le véritable esprit de charité, de pauvreté et de sacrifice cher à leur Père séraphique.

Il y aura aussi de la joie dans le cœur de tous ceux qui ont assez vécu pour voir à l'œuvre la pieuse Fondatrice et pour applaudir aux progrès actuels de sa Fondation. A ce titre, comment, ancien maitre de Join-Lambert, ne me réjouirai-je pas en pensant qu'on va fêter, en même temps que cette vénérée Mère, une Œuvre à laquelle tant de souvenirs rattachent la chère Institution?

« Mon bon Monsieur », comme aurait dit la « bonne Mère Colette », je vous prie de recevoir l'expression de mes remerciements et de mes sentiments respectueusement dévoués en Notre-Seigneur.

† PAUL,
Evêque de Saint-Flour.

Evêché
d'Agen

Agen, le 19 Juillet 1927.

Cher Monsieur le Chanoine,

Les Sœurs Franciscaines Servantes de Marie, célébreront, me dites-vous, le 26 juillet prochain, le cinquantenaire de leur arrivée à Rouen.

Pour satisfaire un désir très légitime, vous avez écrit quelques pages à la mémoire de la vénérée et inoubliable Mère Colette.

Je vous remercie très sincèrement de m'avoir communiqué votre travail. Je vous ai lu, non seulement avec intérêt, mais encore avec une joie très vive et très douce. La Mère Colette avait, en effet, toute mon admiration ; comme tous ceux qui la connaissaient, je l'aimais et j'étais émerveillé des œuvres qu'elle avait le secret d'accomplir.

Vous avez parlé, non sans complaisance, des rapports de Mère Colette avec le cardinal Thomas. C'était justice, car ces deux âmes se comprenaient et s'entendaient mieux que je ne saurais le dire. Il y avait entre le Prélat magnifique et la modeste Fille de Saint-François des ressemblances frappantes et charmantes. J'en indiquerai trois, elles sont caractéristiques.

Mgr Thomas avait une prédilection marquée pour les œuvres qui venaient en aide aux plus petits, aux plus faibles, aux plus déshérités des biens de la nature et de la grâce. On sait quels encouragements il prodigua au saint abbé Bazire, plaisamment appelé le « Curé de la canaille », à la Mère Ernestine, Supérieure de l'Asile des jeunes détenues, aux Sœurs de Marie-Joseph vouées à la réhabilitation des prisonnières libérées, à l'œuvre des Forains ; je pourrais citer bien d'autres exemples. Or, la Mère Colette avait pitié de toutes les déchéances comme de toutes les misères. Elle entreprit pour les femmes et les jeunes filles ce que l'abbé Bazire faisait pour les hommes. Quelle bonté n'avait-elle pas pour celles qu'elle appelait ses « Marguerites ! »

Mon Cardinal estimait que la charité n'exagérait jamais la confiance dans l'action providentielle de Dieu. On l'a accusé souvent à ce sujet de témérité, il ne se contenta pas d'en donner l'exemple, lorsqu'il trouvait des âmes capables de suivre ses traces, son bonheur était grand. Heureuses imprudences que celles de la Mère Colette ! Elles ont presque toujours réussi, parce qu'au fond c'étaient des actes de cette sagesse que saint Paul déclare folie aux yeux des hommes, mais que Dieu inspire et bénit.

Enfin l'éminent Archevêque voulait, qu'au milieu d embarras en apparence inextricable et même sous le poids des plus dures inquiétudes, on fût calme et joyeux. Il comprenait la souffrance, mais admettait difficilement la tristesse trop sombre ; quant au découragement, il le condamnait sans appel. Quelle gaieté la Mère Colette ne conservait-elle pas malgré ses soucis ! Epanouie et fine, à la manière de ses compatriotes de Basse-Normandie, elle dilatait les cœurs par l'à-propos de ses réponses, l'agrément de ses bons mots et le mélange tout à fait rare d'esprit naturel et de foi qui distinguait son langage. Je me rappelle encore l'admiration que lui témoignait son supérieur ecclésiastique de Rouen, M. le chanoine Fouard. Du savant exégète, de l'écrivain remarquable qui nous a laissé de si beaux ouvrages, ou de la pauvre Franciscaine très peu instruite sans doute, douée d'une bonhomie un peu rustique, mais élevée très haut par sa vertu, lequel des deux l'emportait en vivacité d'esprit et en profondeur de jugement, je me garderai de le penser. Ce que je sais bien, c'est que l'abbé Fouard nous faisait passer de bons moments à l'Archevêché, en nous racontant ses entretiens avec sa fille spirituelle.

Peu mystique, disait-on, cette chère Supérieure. Au fond, elle l'était beaucoup plus, vous l'avez montré qu'elle ne le paraissait. Nul ne fait de bien aux âmes que s'il est uni intérieurement à Notre-Seigneur. Vous avez eu raison d'insister sur l'esprit surnaturel, l'humilité, la ferveur religieuse de Mère Colette.

La courte biographie que vous avez écrite est un hommage très mérité ; elle sera aussi fort utile à ceux qui la liront.

Je vous prie de croire, cher Monsieur le Chanoine, à mon vieil attachement et à mon sincère dévouement en Notre-Seigneur.

† CHARLES-PAUL,
Evêque d'Agen.

La Révérende Mère Colette, Religieuse Franciscaine Servante de Marie, Supérieure de la Maison de Rouen, fut une de ces personnalités qui, sans viser à ce but, parce que foncièrement humbles et droites, ne laissent pas moins d'elles un souvenir vif et profond que le temps n'altère pas.

Il était difficile à ceux qui l'approchaient, pour peu qu'ils fussent psychologues, de ne pas constater dans quelle large mesure Dieu l'avait douée des qualités de l'esprit et du cœur.

Intelligence vive, souple et déliée, ornée seulement avant que n'y vinssent s'adjoindre les profits de l'expérience, des seules connaissances acquises à la modeste école de sa campagne natale, favorisée d'un jugement remarquablement droit et sûr, calme et réfléchie à l'heure des décisions, si elle eût été cultivée davantage, au témoignage d'un de ses anciens supérieurs ecclésiastiques — juge très compétent — elle aurait pu devenir une femme transcendante.

Cœur très délicat et sensible, la souffrance d'autrui l'impressionnait et, sous aucune de ses manifestations, ne la trouva indifférente. Elle donna, sans compter, aumônes matérielles, conseils, encouragements, enveloppant ses bienfaits de la plus grande discrétion. Dieu seul connaît le nombre de ses obligés, nous le croyons considérable.

Nature d'une exceptionnelle richesse, Mère Colette fut surtout une Religieuse dans toute l'acception du mot, sous sa jovialité, sa fine bonhomie, ses spirituelles réparties, on devinait une foi vive, une piété ardente, une inébranlable confiance en Dieu, une préférence marquée pour le recueillement et la prière.

De telles âmes méritent d'être connues. Si pendant leur vie elles s'efforcent de cacher des richesses dont leur seul entourage est appelé à estimer la valeur, après leur mort, elles peuvent enseigner encore et davantage.

C'est avec cette conviction que nous voulons essayer de présenter à nos lecteurs la captivante figure de cette humble fille de saint François. Si elle eût pu prévoir qu'un jour on tenterait d'esquisser sa vie et ses œuvres, nul doute qu'une défense conçue en termes formels et impérieux se serait dressée pour paralyser toute initiative.

Mais puisque personne ne nous empêche d'écrire, garder plus longtemps le silence, ce serait décevoir l'attente de ses sœurs en religion, de ses protégés, de ses orphelines, de ces vaillantes servantes, dans lesquelles elle travailla avec tant de zèle à maintenir l'esprit chrétien et qui tenaient une si large place dans son cœur.

La société actuelle a besoin de bons exemples. Puisse le récit très simple et très incomplet des vertus pratiquées par la vénérée Mère Colette, susciter de nombreux imitateurs et lui permettre par un apostolat posthume de continuer à travailler à l'édification et au salut des âmes.

CHAPITRE I

NAISSANCE, JEUNESSE ADOLESCENCE

C'est en l'année 1843, le 25 avril, que naquit, à Marcilly-sous-Avranches, dans la Manche, Marie Ferrière, âme prédestinée par Dieu à devenir plus tard la Révérende Mère Colette, fondatrice en Normandie de toutes les maisons qu'y compte sa congrégation.

Elle eût le bonheur d'appartenir à des parents chrétiens, honnêtes ouvriers. Pour apprendre à aimer Dieu, il lui suffisait de regarder autour d'elle et d'imiter les exemples qu'elle recevait. Chez elle, on faisait en commun la prière du matin et du soir, la lecture du saint Evangile et de la vie des Pères du Désert. Un jour, l'enfant touchée par le récit de leurs austérités, résolut de les pratiquer elle-même. S'étant dérobée à la surveillance de ses parents, elle parcourut un assez long chemin pour gagner une forêt des environs. Mais le soir venu, privée de nourriture, n'entendant plus que le bruit des feuilles agitées par le vent, elle fut effrayée de sa solitude. Elle songea à ses parents, à la peine que sa disparition avait dû leur causer. Elle revint en toute hâte et se jeta dans leurs bras, en sollicitant son pardon.

On le lui accorda de grand cœur, sans lui cacher l'inquiétude que l'on avait ressentie à son sujet et les recherches faites dans tout le voisinage pour la retrouver.

Marie commença à fréquenter l'école de son village, tenue par une religieuse du Carmel d'Avranches. Son père se souciait fort peu de l'instruction profane de sa fille. Il lui répétait souvent, dans son langage de Bas Normand : « Ma petite, inutile de te casser la tête, pourvu que tu saches lire, signer ton nom, raccommoder tes chausses et les jupes de ta mère, cela suffit. »

Au point de vue religieux, cet homme foncièrement chrétien ne tenait pas le même langage. Il exigeait que son enfant fût solidement instruite. La petite, désireuse d'obéir à son cher papa qu'elle aimait tendrement, servie d'ailleurs par une bonne intelligence et une mémoire facile, apprit très vite les principaux éléments de notre sainte religion et déclarait volontiers ne rien vouloir connaître de plus.

Avec de bonnes dispositions, quelques défauts se déclaraient aussi en elle. Volontaire, jalouse, comme toutes les fillettes elle aimait jouer à la poupée. Elle était la plus jeune de la famille et à ce titre quelque peu gâtée. Son père, fatigué de la voir sans cesse adonnée à la même distraction, lui dit un jour : « Prends garde, cette poupée que tu caresses tant va finir par s'animer. Elle prendra ta place, tu ne seras plus l'heureuse privilégiée. » Un sentiment de jalousie s'empara de l'enfant, pour conserver ses prérogatives, elle jeta la poupée dans un coin et n'y toucha plus.

Marie, selon l'usage du pays, ne fit sa première communion qu'à l'âge de douze ans et se prépara à cet acte si important de la vie avec le plus grand soin. Le 10 avril 1855, elle reçut son Dieu pour la première fois et fut confirmée le 11 septembre de la même année.

Son curé fut toujours son plus intime confident. Elle lui racontait tout, même les réprimandes de ses parents. Un jour, la fillette simplement indisposée, mais se croyant malade à mourir, alla le trouver pour lui demander l'absolution et... les derniers sacrements. Le bon prêtre accéda à son premier désir et lui fit comprendre qu'il fallait remettre à plus tard l'Extrême-Onction.

Sa croissance se fit d'une manière si hâtive qu'elle devint faible à un tel point que son curé ne lui permettait d'assister à la messe qu'à la condition de s'appuyer sur le confessionnal placé non loin de l'autel. Et malgré cette précaution, il lui arriva plusieurs fois de s'évanouir.

Elle aimait passionnément la vie de famille : les longues veillées d'hiver lui plaisaient surtout quand son père était présent. Que de fois on l'a entendue, arrivée à l'âge mur, parler de ses souvenirs lointains et dire avec sa charmante bonhomie : « Lorsque papa se trouvait libre, nos soirées étaient joyeuses. Tous assis devant un grand feu, papa teillait, maman filait, Jeanne dévidait, Louise tricotait, petite Marie s'amusait. Au moment venu, elle lisait l'Evangile ou la vie des saints. Ces réunions, après des journées de fatigues, rendaient heureuse la famille tout entière. »

La petite n'étant point, dans l'esprit de ses parents, destinée à devenir rentière, fut mise de bonne heure en apprentissage de couture. On la confia à sa marraine, très renommée dans le pays comme maîtresse ouvrière et aussi comme « bonne dévote ». La filleule subit son influence et suivit à la lettre ses conseils. Elle lui garda toute sa vie une profonde reconnaissance, pour avoir su lui rendre aimable la profession d'ouvrière et pour les avis précieux qu'elle avait reçus d'elle.

Pendant son adolescence, Marie eut la vive douleur de perdre son père. Après la mort de M. Perrière, sa veuve se trouva dans l'impossibilité de faire face, seule, aux travaux de la ferme. Elle forma le projet de marier sa fille Marie-Louise, escomptant l'appoint avantageux que fournirait son futur gendre.

Lorsque la demande en mariage fut faite et agréée, Madame Perrière fit part de ses projets à sa plus jeune fille et lui demanda de bien accueillir celui qui bientôt serait l'époux de sa sœur aînée. Mais à la pensée de la prochaine venue de cet inconnu pour elle, la jeune Marie, dont l'esprit étroit de sa marraine avait rendu la piété quelque peu exagérée, nous le constaterons dans la suite, se tint ce raisonnement : « Puisqu'un jeune homme entre dans la maison, moi j'en sortirai. » Elle la quitta, en effet, pour aller se réfugier chez sa protectrice et conseillère, qui l'accueillit avec empressement et l'entoura d'une sollicitude quasi-maternelle. La jeune Marie disait plus tard avec un peu de malice : « Elle savait prêcher, ma vieille Jeanne, aussi bien qu'un bon prédicateur. Elle me fit une si belle exhortation sur les inconvénients du mariage en général et de celui de ma sœur, en particulier, qu'elle décida que je me présenterais devant les invités à l'église seulement. Ma mère eut beau intervenir, dire que je passerais pour une excentrique, rien ne fit changer la résolution adoptée. »

Dans les campagnes de Normandie, peut-être plus autrefois qu'aujourd'hui, la danse était pour la jeunesse, le dimanche surtout, un moyen de se divertir. Le bal avait lieu, généralement, sur la place publique, ou même dans la rue. La jeune Marie qui jamais n'avait voulu consentir à prendre part à ces amusements, paraissait aux yeux de la jeunesse de son village, une dévote ridicule et fanatisée par les recommandations de la vieille Jeanne.

Pendant qu'elle passait, un dimanche après vêpres, au milieu des danseurs et des danseuses, accompagnée de sa marraine, cette dernière lui dit : « Vois-tu, mon enfant, cette folle jeunesse livrée au plaisir; elle fait l'œuvre de Satan. Ne la regarde pas, sois forte et courageuse. » Au moment même où cette recommandation était adressée à notre Marie, un jeune homme, plus hardi que les autres, s'approcha d'elle, lui prit le bras et chercha à l'entraîner au milieu du groupe. Mal lui en prit, son geste à peine esquissé, il reçut de la récalcitrante une telle correction, qu'il faillit en perdre un œil. Pendant ce temps, Jeanne continuait d'avancer. A une distance suffisante pour se trouver à l'abri, elle attendit sa protégée pour la combler de ses félicitations. La majorité du village, où la scène fit grand bruit, ne partagea pas son enthousiasme. Elle fut tellement excitée contre les deux filles qu'elle n'hésita pas à adresser une plainte au curé. Il fit appeler Marie, la blâma d'avoir eu la main lourde et lui déclara nettement qu'elle s'était mise dans son tort.

Après cet incident, Marie ressentit une invincible répugnance pour les plaisirs du monde. Pendant une année encore, elle demeura éloignée de sa famille. Mais vint la guerre de Crimée. Son beau-frère dut y prendre part. Elle n'hésita pas et rentra auprès de sa mère.

Louis mourut à Sébastopol. On dit qu'il serait apparu à Marie, alors qu'elle traversait un chemin pour se rendre au travail et qu'elle aurait eu, dès ce moment, la certitude de son décès, qui ne fut annoncé officiellement que beaucoup plus tard.

CHAPITRE II

L'APPEL DE DIEU

A mesure que Marie grandissait en âge, Dieu par sa grâce, travaillait son âme et la préparait à atteindre le but auquel Il voulait la conduire. Depuis longtemps déjà, elle éprouvait un vif désir de la vie religieuse. Mais c'est à peine si elle osait s'arrêter à cette pensée. Sincèrement humble, exempte de la présomption qui perd tant d'âmes et en conduit un si grand nombre en dehors de leur voie, elle se jugeait, au contraire, inapte et complètement indigne de cette faveur. À son avis, une Religieuse n'était pas une personne ordinaire. N'était-il donc pas téméraire pour elle d'ambitionner une telle vocation ?

Un jour, où elle se sentait tout absorbée dans ses pensées, elle voulut s'épancher. Elle alla trouver son curé et lui confia ses inquiétudes. Voulut-il l'éprouver ? Il lui répondit : « Vous avez toute possibilité de vous sauver dans le monde, je vous conseille d'y rester. »

Marie se retira toute joyeuse de cette décision et se promit bien de ne plus se tourmenter au sujet de sa vocation. Mais son calme ne dura pas longtemps. De nouveau, elle sentit un appel irrésistible. Une force mystérieuse la pressait de quitter le siècle pour se donner totalement à Dieu. C'était, en elle, une lutte ininterrompue. Et à qui se confier ? Son curé l'avait dissuadée, restait le recours à sa mère. Devant elle, le courage l'abandonnait.

La jeune fille se demandait pourtant, avec anxiété, vers quel Institut elle pourrait porter ses vues. Nous avons dit que l'institutrice de son pays était une religieuse du Carmel d'Avranches. Marie n'éprouvait aucune inclination pour cette Congrégation et ses œuvres d'enseignement.

Chaque jour, par de ferventes prières, elle suppliait Dieu de lui montrer sa voie. Le Seigneur devant lequel l'invocation de l'âme juste n'est jamais sans valeur, allait bientôt lui donner une réponse.

Un Père Lazariste, ami du curé, vint passer quelques jours au presbytère. Marie sollicita et obtint la faveur d'un entretien avec lui. Très simplement, elle lui fit part de son désir, de ses combats intérieurs et lui demanda de l'aider à entrer en religion. Le Père lui promit d'adresser pour elle une demande aux Sœurs de Saint-Vincent-de-Paul, rue du Bac, à Paris. Mais, la réponse se fit beaucoup attendre. Marie crut ou que le Père avait oublié ou différé de transmettre sa requête, se persuada qu'elle n'avait plus à compter sur son intervention et en conclut que Dieu ne la voulait pas chez les Filles de la Charité.

Peu de temps après que la jeune fille eut

éprouvé cette déception, son curé fit prêcher une mission dans sa paroisse par le Père Ambroise de Bergerac, capucin. Il fut l'élu de Dieu pour aider Marie à réaliser ses vœux et le guide très éclairé de sa vocation.

Elle suivit, de son mieux, tous les exercices de la Mission. Et quand vint le moment d'aller ouvrir son âme, fort impressionnée par l'habit austère du Père, elle se demanda comment elle s'y prendrait, d'abord pour se présenter devant ce saint Religieux, et surtout pour ne pas être reconnue par son curé.

Après avoir réfléchi, elle s'arrêta à la décision qui lui sembla la meilleure. Ayant pris la précaution de se voiler, elle se rendit le soir à la Cure et demanda à parler au missionnaire. En l'abordant, elle lui dit sans ambages : « Monsieur, je ne sais comment me présenter à vous. J'ai pris mon voile pour être plus convenable et j'ai peur d'être vue. »

Le Père lui répondit : « C'est compris, vous êtes une fine normande. Que voulez-vous ? »

Mise à l'aise par cet accueil, Marie exposa ses désirs de vie religieuse et supplia le missionnaire de s'employer à trouver un couvent qui daignerait la recevoir. Le Père s'y engagea, lui donna bon espoir, lui confia qu'il venait de prêcher à Blois la retraite d'une communauté naissante, qu'il y transmettrait sa demande, persuadé d'avance qu'elle y trouverait bon accueil. Marie se retira heureuse. Quelque temps après, la Supérieure des Franciscaines Servantes de Marie de Blois lui adressait une réponse favorable. Deux jours plus tard, la Supérieure des Sœurs de Saint-Vincent-de-Paul écrivait à son tour sa décision affirmative, car le Père Lazariste n'avait pas oublié sa protégée.

Le bon curé qui, en voulant peut-être éprouver la jeune aspirante, ne l'avait pourtant jamais découragée, se contenta de lui dire : « Maintenant, vous avez le choix. A quelle communauté allez-vous donner la préférence ? » Elle lui répliqua simplement : « A celle qui m'a répondu la première. »

Désormais, tous les obstacles étaient tombés. L'âme de Marie se remplissait de joie. La vie religieuse allait devenir, pour elle, une douce réalité. Pourtant ce bonheur n'était pas sans un nuage. Il lui fallait quitter sa mère. Comment la mettre au courant sans briser son cœur ? La jeune fille, après avoir prié et réfléchi, résolut de partir sans la prévenir. Sacrifice très douloureux pour elle et dont elle voulut atténuer l'effet en se montrant particulièrement affectueuse et dévouée. On eût dit, en la voyant, qu'elle voulait concentrer en quelques jours la tendresse d'une vie entière. Madame Perrière s'en aperçut et lui demanda : « Qu'as-tu donc, je ne t'ai jamais vue aussi aimable ? »

La dernière nuit passée par Marie sous le toit familial lui parut interminable. Aussi, fut-elle sur pied de très bonne heure pour achever ses préparatifs de voyage. Le 13 janvier 1864, la courageuse jeune fille partit sans rien dire et se dirigea du côté de la diligence qui devait la conduire à Saint-Lô. Elle avait eu, au préalable, le soin délicat de faire remettre à son curé un mot lui annonçant qu'elle partait pour le couvent et le priant d'en prévenir sa chère mère.

Le temps était froid et la neige couvrait le

terre. Marie s'en réjouissait et se disait : « Il faut que je sache souffrir à l'exemple des Saints. » Elle arriva le soir à Saint-Lô, pays inconnu pour elle. Plus de train pour Le Mans, il fallait attendre au lendemain. Elle voulut demander où se trouvait l'église et pour obtenir ce renseignement se décida à franchir le seuil d'un cabaret. La tenancière de la maison voyant cette étrangère saisie par le froid, lui offrit une tasse de café pour la réchauffer. Marie crut à une plaisanterie et refusa en lui disant : « Non, non, pas de café, je vais au couvent. »

Elle se rendit à l'église, adora Notre-Seigneur et le supplia de la couvrir de sa toute puissante protection. Transie et ne sachant où passer la nuit, elle eut la pensée de rester dans la Maison de Dieu. Elle se réfugia dans un coin, près de l'autel de la Sainte-Vierge, à laquelle elle demandait, avec ferveur, de veiller sur elle. Mais, bientôt, elle entendit le sacristain qui annonçait la fermeture de l'édifice. Elle eut peur, chercha à se dissimuler. Malgré ses efforts elle fut aperçue et interrogée. Elle dut répondre que, venant de Champeaux, se rendant dans un couvent au Mans, n'ayant pas de train avant le lendemain pour la conduire à destination, elle était entrée dans l'église, bien résolue à y passer la nuit. Son récit fut accompagné d'une telle abondance de larmes que le brave homme touché de compassion pour cette jeune paysanne, dont la sincérité était visible, lui proposa de la conduire chez des Religieuses de Saint-Paul de Chartres, qui habitaient dans le voisinage. Elle consentit à le suivre. La Supérieure, mise au courant de l'aventure, reçut froidement notre voyageuse.

Elle lui accorda cependant l'hospitalité pour la nuit, lui permit, le lendemain matin, d'assister à la messe de communauté et lui offrit le petit déjeuner. Marie se disposa aussitôt après à gagner la gare. Se rappelant l'incident de la veille, elle ne voulut se renseigner auprès de personne pour en demander la direction. Après avoir erré pendant une partie de la matinée dans les rues de la ville, elle finit par trouver son chemin.

La Providence qui veillait sur elle lui ménagea la rencontre, en gare, d'une excellente famille qui, comme elle, se rendait au Mans. Elle lui offrit une place dans son compartiment et à l'arrivée eut l'aimable attention de la faire conduire, en omnibus, jusqu'à la rue Saint-Vincent.

CHAPITRE III

SÉJOUR A LA COMMUNAUTÉ DU MANS

Au moment de partir pour Blois, Mademoiselle Perrière avait reçu de la Révérende Mère fondatrice, l'ordre de se rendre au couvent du Mans, pour y faire son postulat. Mère Valéry dirigeait alors cette maison, qui comptait peu de sujets. La nouvelle arrivante y fut reçue avec joie. Les Sœurs remercièrent Dieu de leur avoir envoyé cette recrue que, dès le premier jour, elles jugèrent excellente.

La Supérieure se réserva la tâche de former l'aspirante et de l'initier aux pratiques en usage dans la communauté. Elle ne tarda pas à constater que, si la jeune fille était animée de la meilleure bonne volonté pour travailler à se sanctifier, elle n'en avait pas moins besoin d'une formation complète.

Mère Valéry se mit à l'œuvre. Un jour, elle parlait à la postulante de l'oraison. L'oraison, lui dit celle-ci, attendez, j'en sais une et je vais vous la réciter : « Seigneur Jésus-Christ qui avez dit : Demandez et vous recevrez, cherchez et vous trouverez, frappez et l'on vous ouvrira »... Ayant aperçu quelques sourires, qu'elle crut railleurs, elle ajouta : « Vous riez, mes sœurs, mais, dans cette prière, je trouve ma voie, je demande, je cherche, je frappe et j'espère bien arriver à aimer et servir le Bon Dieu. »

Son grand désir était d'entendre parler de la vie religieuse et de ses obligations. Elle remarquait, avec regret, que le confesseur de la maison était avec elle fort réservé sur ce sujet. Elle dit un jour aux sœurs : « M. Goupy ne me dit pas grand chose, mais je le contraindrai bien à parler. » Le jour de confession venu, elle fit au prêtre ce reproche : « Vous ne me dites jamais rien, pourtant j'aurais besoin de vos conseils. » « Que voulez-vous que je vous dise ? ». « Ce n'est pas à moi de vous inspirer, mais, il me semble que vous ne manquez pas de sujets pour édifier une religieuse. — Apprenez-moi, au moins, ce que je dois faire et comment je dois le faire. »

A partir de ce jour, le confesseur parla.

Parmi les religieuses se trouvait une novice, sœur Anastasie. Elle fut l'ange gardien et la sage conseillère de notre postulante. Elle l'aida à s'accoutumer aux usages de la Communauté, lui donna l'exemple d'une grande piété et d'une parfaite obéissance dans l'acceptation des épreuves Jamais, elle ne proférait une plainte contre les difficultés, souvent si nombreuses dans les œuvres, surtout à leur début. Marie lui voua une religieuse affection et s'efforça de marcher sur ses traces.

Le caractère enjoué de l'aspirante lui attira bon nombre d'admonestations et de pénitences. Ayant un jour, en sautant, cassé une paire de sabots, elle dut l'avouer à sa Supérieure, qui l'obligea de les pendre à son cou et d'aller ensuite s'accuser à M. l'Abbé Fillion.

Elle hésita quelque peu. Mais, en présence d'un ordre formel, elle devait obéir. Elle se présenta donc au prêtre qui lui demanda le motif de sa venue. « Vous allez le connaître », répondit-elle. Elle se mit à genoux, baisa la terre et ajouta : « Monsieur l'Abbé, je m'accuse d'avoir cassé mes sabots. » « Comment avez-vous fait cela ? » « En dansant. » « Pourquoi dansiez-vous ? » « Pour me réchauffer. »

Elle avoua plus tard qu'elle avait un peu exploité l'incident et son accoutrement, afin de dérider le bon M. Fillion qui n'avait point paru enchanté de recevoir sa visite. Devenue Supérieure, elle eut l'occasion de revoir ce vénérable ecclésiastique. On parla de la fameuse pénitence.

CHAPITRE IV

NOVICIAT

Lorsque son temps de postulat en maison locale fut terminé, Marie se rendit à Blois. Elle eut, pour maîtresse des Novices, Sœur Sainte-Anne, de laquelle elle garda jusqu'à la fin de sa vie le plus affectueux souvenir. Elle n'en parlait que pour rendre hommage à sa piété et à son esprit surnaturel. La faveur de vivre près de la vénérée Mère Fondatrice, d'être chaque jour à l'école de ses solides vertus, contribua aussi, pour beaucoup, à sa formation religieuse.

Quand la postulante arriva à Blois, la Congrégation venait à peine de naître. Elle connaissait la gêne qui accompagne généralement les premières années de fondation. Il en résultait pour les sujets d'assez durs sacrifices et de réelles privations. Plus d'une fois, la fondatrice dut recourir à la charité de bienfaiteurs dévoués.

Un jour où le bois manquait, elle se rendit dans une généreuse famille pour exposer sa détresse.

Ayant obtenu ce qu'elle désirait, elle voulut profiter de l'occasion pour éprouver la vertu de la nouvelle postulante et se rendre compte de son jugement. Elle la fit appeler et lui dit : « Ma sœur, nous n'avons plus de bois, mais il y en a dans la propriété de Madame X... Allez-en chercher, vous prendrez tout ce que vous pourrez porter et vóus vous garderez bien d'en parler à personne. » La jeune sœur ne comprenant rien à cet ordre qui lui semblait étrange, se rendit néanmoins à l'adresse indiquée, la mort dans l'âme, se demandant, en cours de route, comment il se pouvait qu'une Supérieure commandât de prendre le bien d'autrui, ne soupçonnant même pas qu'un accord était intervenu entre la Mère et sa bienfaitrice. Elle prit du bois, autant qu'elle en put porter et rentra au couvent, la conscience en émoi. Convoquée de nouveau devant la Mère Fondatrice, elle fut ainsi interpellée : « Mon enfant, quand on est en communauté, il ne faut rien cacher à ses supérieurs. Vous allez donc me révéler ce que vous avez pensé de l'ordre que vous avez exécuté. »

« Oh, ma Mère, est-ce qu'il faut absolument parler ? cela me coûte beaucoup. »

« Oui, mon enfant, parlez quand même. »

La jeune sœur déclara : « Eh bien, ma Mère, j'ai pensé que vous m'appreniez à voler et je me suis demandé si pour être de votre religion il fallait agir ainsi. Si ma mère savait cela ! »

Dans une autre circonstance, on avait admonesté assez sévèrement une Religieuse. La Mère Supérieure voulut encore connaître la pensée de la jeune novice qui, après quelqu'hésitation, lui répondit, avec sa rude franchise et dans son langage si personnel : « J'ai pensé que vous êtes bien méchante pour avoir tant grondé cette pauvre sœur qui ne cherche qu'à bien faire. »

En présence de cette originalité, dont l'entourage s'étonnait, la Mère Supérieure se demanda s'il ne serait pas prudent de rendre la postulante à sa famille. Avant de prendre une décision, elle voulut en référer au Supérieur M. l'Abbé Venot.

Il fit venir Marie et dans un sérieux entretien, il lui laissa comprendre que la sincérité consiste moins à dire tout ce que l'on pense qu'à penser tout ce que l'on dit. Il lui expliqua la nécessité de certaines épreuves pendant le Noviciat, pour former les sujets aux vertus religieuses et en particulier à l'obéissance.

Après cet entretien, il demanda à Mère Sainte Claire de faire un nouvel essai, persuadé que la jeune fille était animée de la meilleure bonne volonté et deviendrait une excellente religieuse. Il ne se trompait point. La petite sœur comprit de mieux en mieux les pratiques de soumission et d'humilité et s'y exerça journellement.

Pendant son postulat, on lisait en communauté la vie de sainte Colette. En entendant le récit de ses vertus héroïques, des épreuves par elle subies pour arriver à la réforme des Pauvres-Dames, de son activité pour les fondations, de son zèle pour procurer la gloire de Dieu et le bien des âmes, de son esprit de foi, de prière et de sacrifice, elle ne put taire son admiration, son désir de marcher sur ses traces et de porter son nom. « J'aime cette Sainte, disait-elle, tout me plaît dans sa vie. » Les Supérieurs profitèrent encore de cette occasion, pour la rappeler à l'humilité et lui ajouter que, si elle venait au couvent avec l'intention de le réformer, elle pouvait s'adresser ailleurs. On la traita d'orgueilleuse, d'ambitieuse, visant à devenir une personnalité. Elle accepta d'autant mieux l'épreuve, que jamais pareilles pensées ne lui étaient venues à l'esprit.

Son postulat terminé, Marie fut admise à la vêture, sa joie fut grande quand elle constata que ses Supérieurs répondaient à l'un de ses plus chers désirs en la plaçant sous la protection de la Sainte, par elle tant admirée et dont elle devait si bien imiter les exemples. Elle devint, en effet, comme elle, entre les mains de Dieu, un instrument docile pour la création de plusieurs œuvres et l'extension de sa Congrégation. Le 27 septembre 1864, à la suite d'une retraite prêchée par le R. P. Ambroise, capucin, le guide de sa vocation, elle reçut l'habit franciscain, sous le nom de Sœur Colette.

Sans tarder, elle dut aller à Tours. La Mère Fondatrice qui voulait voir pratiquer par ses Filles une obéissance aussi prompte que complète, lui signifia qu'elle devait partir sans retard. Aussitôt ses préparatifs achevés, Sœur Colette revint vers sa Supérieure, lui demanda sa bénédiction et l'argent pour son voyage. « Je n'ai point d'argent, lui dit la Mère, mais si vous êtes réellement obéissante, mettez-vous en route quand même, la Providence ne vous abandonnera pas. » La jeune sœur partit. A la gare elle se présenta au guichet pour obtenir un billet. Après avoir rapidement constaté que ses paroles pourtant humbles et pressantes, ne pouvaient remplacer la monnaie dont elle était dépourvue, elle se retira à l'écart et versa quelques larmes. Un Monsieur qui l'observait, s'enquit du motif de sa peine. Quand il eut appris qu'elle était envoyée en voyage démunie de toutes ressources, il s'indigna et lui conseilla de rentrer dans le monde. La Sœur lui répondit avec une grande simplicité : « Je me suis donnée à Dieu, je ne me reprendrai pas. Je suis sûre qu'Il va me venir en aide. » Le voyageur fut si touché par ces paroles qu'il envoya sa femme prendre un billet et le remit à Sœur Colette qui lui exprima sa vive reconnaissance et lui promit ses prières.

Dès son arrivée à Tours, elle eut à subir une autre épreuve. La Supérieure, Mère Emilie, la reçut assez durement et lui demanda ce qu'elle venait faire. « Pensez-vous vous introduire ici pour réformer et entraver nos œuvres ? D'ailleurs, j'ignore par qui vous êtes envoyée, je n'ai rien reçu de la Maison-Mère. » Malgré sa surprise, Sœur Colette ne se découragea pas. Elle pria sa Supérieure de la garder et lui promit de faire tout ce qui dépendrait d'elle pour lui donner satisfaction. Mère Emilie se laissa toucher par ces bonnes dispositions. Elle n'eût pas, du reste, à le regretter, car Sœur Colette devenue tour à tour cuisinière, lingère et portière, s'acquitta de ses fonctions à la satisfaction générale.

Après sa Profession, qui eut lieu le 15 octobre 1865, elle fut envoyée à Bourges comme Sœur quêteuse. Cet emploi lui parut pénible. Elle le confia, à l'occasion du nouvel an 1866, au R. P. Ambroise, qui l'encouragea par la lettre suivante

« Ma Chère Fille,

» C'est un peu tard pour vous remercier de votre bon souvenir et de vos vœux de nouvel an, mais, que voulez-vous, je ne suis pas souvent le maître de mon temps. Placé comme vous, sous le joug aimable de l'obéissance, je dois, tout d'abord, m'employer à ce qu'elle commande, le reste vient ensuite.

» Pour moi, ma Chère Fille, je ne demande qu'une seule chose pour vous, c'est que vous soyez fidèle à votre vocation jusqu'à la fin, que vous deveniez ainsi une digne Fille de notre Séraphique Père saint François.

» Comme ce glorieux Père, aimez la pauvreté. Elle est la pierre précieuse dont il est parlé dans l'Evangile. On ne saurait l'acheter trop cher, puisque Notre-Seigneur en a fait sa compagne chérie et qu'Il a voulu mourir entre ses bras sur la Croix. C'est au prix de tous les sacrifices qu'on peut l'obtenir. Ne vous lassez donc jamais de marcher dans la voie de l'immolation. Et parce que la quête est ce que vous trouvez de plus pénible pour la nature et de plus dangereux pour l'âme, efforcez-vous de vous y donner avec affection et humilité. Gardez la modestie dans votre extérieur et vous éloignerez de vous le danger.

» Pendant la durée de votre quête, quelles que soient les conversations que l'on vous tient, ne perdez jamais la pensée de la présence de Dieu, représentez-vous Notre-Seigneur, allant et venant avec sa très sainte Mère Marie, ou avec les Apôtres, pour solliciter de la libéralité des Juifs, son pain de chaque jour. Bien souvent, sans doute, ce bon Maître éprouva des refus humiliants et reçut de sanglants outrages au lieu de l'aumône demandée, mais Il ne s'en émut et ne s'en plaignit jamais. Imitez-le. Réjouissez-vous des mépris insultants dont vous pouvez être l'objet; taisez-les même dans l'intérieur de votre Communauté. Que Jésus soit le seul confident de ce que vous aurez à souffrir.

» Louez, à l'occasion, la générosité des personnes qui font du bien à votre maison, ne parlez jamais de celles qui vous refusent. Si on vous interroge à ce sujet, éludez toutes les questions, faites en sorte qu'on ignore toujours le nom des personnes dont vous auriez sujet de vous plaindre.

» Soyez aussi prudente, discrète et réservée dans les maisons où vous recevrez l'hospitalité. Récompensez vos hôtes de leurs bons offices envers vous par de pieux exemples et de saintes paroles. Ne vous informez jamais des nouvelles locales, ne cherchez point à prendre de renseignements sur les familles que vous devez visiter. Si l'on veut vous en donner, coupez court à la conversation afin que la charité ne soit pas blessée. Allez, avec confiance, dans toutes les maisons qui vous auront été désignées par M. le Curé de la paroisse.

» En un mot, ma Chère Fille, partout où vous allez en quête, comportez-vous de telle sorte qu'après votre départ on puisse dire de vous : Nous avons vu l'Ange du Bon Dieu, il nous a visités et son passage a été pour nous un présage de bonheur.

» Priez et faites prier pour moi, ma Chère Fille.

» Offrez mon souvenir respectueux à la bonne

Mère Supérieure de Bourges et à vos autres Sœurs, et agréez-le aussi vous-même.

» Votre humble serviteur.

» Fr. AMBROISE, Cap.

» Ajaccio, le 23 février 1866,

» en la fête de Sainte-Marguerite-de-Cordoue. »

Vers la fin de cette même année, Mère Sainte-Anne, Maîtresse des Novices, dut quitter sa charge pour raison de santé. Les Supérieurs jugeant que le grand air pourrait lui être salutaire, l'envoyèrent à Bourges, comme première Sœur quêteuse.

Ce fut une grande joie pour Sœur Colette de retrouver celle qui l'avait initiée à la vie religieuse.

Dans leurs longues courses, la Mère reprenait avec sa Fille les entretiens spirituels du Noviciat et perfectionnait sa formation. Mais le bonheur ne dura pas longtemps. L'emploi de quêteuse était au-dessus des forces de Mère Sainte-Anne. De plus, un jour, les deux compagnes furent surprises, en pleine campagne, par une pluie torrentielle, sans possibilité pour elles de trouver un abri. Elles furent trempées jusqu'aux os, prirent froid et tombèrent sérieusement malades. Sœur Colette, d'une constitution robuste, se remit complètement en quelques semaines. Il n'en fut pas de même pour Mère Sainte-Anne; elle avait été mortellement frappée.

Sœur Colette fut désignée pour être son infirmière. Elle lui prodigua les soins les plus affectueux et les plus dévoués. La maladie fit de rapides progrès. Quand tout espoir de guérison fut perdu, la jeune infirmière exhorta de son mieux la vénérée malade à faire le sacrifice de sa vie et lui laissa entrevoir la magnifique récompense qui l'attendait au Ciel.

De son côté, la Mère, pendant sa maladie, avait adressé à sa chère Fille ses suprêmes recommandations. Sachant combien elle aurait à lutter à cause des impulsions de son cœur si aimant, elle la mit en garde contre les dangers possibles, lui conseilla de s'offrir souvent à Dieu dans la journée, en lui demandant de la garder, pour Lui seul, détachée de toutes les créatures. Elle fut fidèle à cette pratique pendant sa vie entière et engageait volontiers ses Sœurs à l'adopter. Elle eut la consolation d'assister son excellente Mère Sainte-Anne à ses derniers moments et de lui fermer les yeux.

En 1870, nous retrouvons Sœur Colette à Tours. Les Allemands arrivaient et les Sœurs effrayées redoutaient l'envahissement de leur maison. Sœur Colette s'efforça de les rassurer en leur disant : « Ne craignez rien, je me présenterai à eux et trouverai bien le moyen de les empêcher d'entrer. » En effet, lorsque les ennemis furent à la porte, elle vint à leur rencontre dans un triste état, le visage tout noirci de suie. « La maison est très pauvre », leur dit-elle, inutile d'y venir, vous vous y trouveriez fort mal. » Les soldats, devant ces paroles et surtout l'attitude de celle qui les prononçait, s'éloignèrent et ne revinrent plus.

Le sens pratique et la serviabilité de la jeune religieuse lui donnaient une note de supériorité parmi ses Sœurs. En voyait-elle une embarrassée dans son travail, aussitôt, sans qu'elle en fût priée, elle donnait son avis, souvent avec une certaine maîtrise, assurément plus par une vive intuition de la tâche à accomplir que par un secret désir de domination. Ses meilleures intentions n'en furent pas moins mal jugées et le nom de réformatrice lui fut fréquemment donné. D'un caractère jovial, usant d'expressions parfois originales, il lui arrivait, bien à son insu, de froisser ses Sœurs. Les Supérieurs se plaignaient de ces travers, mais M. l'abbé Venot qui discernait en elle de profondes qualités, engageait les Mères à prendre patience et à partager sa confiance dans une certaine amélioration. Il fit lui-même des observations à Sœur Colette et l'engagea à se vaincre sur ce point. Elle multiplia les actes de bonne volonté, mais subit aussi de nombreuses défaites. Voici en quels termes elle rend compte de ses luttes à M. Venot, qui lui portait un réel intérêt : « Je fais de grands efforts pour rester fidèle à la promesse que je vous ai faite de ne plus m'occuper de ce qui ne me regarde pas. Dans cette pratique, je trouve une source de souffrances qui, je l'espère, se changeront un jour pour moi en quelques mérites. » Elle dit ailleurs : « Le Bon Dieu me fait voir la réalité de ce que vous m'avez souvent dit. Le zèle de la perfection doit s'exercer, en premier lieu, à l'égard de soi-même. On ne peut faire du bien aux autres que dans la mesure de son amour pour Dieu et de son propre renoncement. »

Dans une autre circonstance, elle écrit encore: « Vous m'avez demandé de me corriger des paroles peu religieuses dont je me sers trop souvent. Je me suis bien surveillée cette année, j'ai fait quelques progrès et reste dans la disposition de mettre en pratique les conseils que vous me donnez sur ce point. Par ailleurs, au point de vue charité, je vis en bonne intelligence avec mes sœurs, je les aime toutes bien cordialement. Je suis unie à ma Supérieure que j'estime beaucoup. Elle me fait du bien et c'est avec un grand regret que je m'en verrais séparée. Ce qui m'est le plus recommandé, c'est le silence, car j'ai la mauvaise habitude de parler trop haut. »

Au début de la Congrégation, une seule retraite annuelle avait lieu à la Maison-Mère. Un certain nombre de sœurs devaient donc accomplir ces saints exercices dans leur résidence habituelle. C'était pour elles un sacrifice qui les privait de s'entretenir avec le Père Supérieur et la Révérende Mère Générale. Sœur Colette s'étant trouvée contrainte de rester dans son obédience écrivait : « Je regrette vivement de ne pouvoir aller faire ma Retraite à Blois. Je sens le besoin de rentrer en moi-même. Une année passée dans un emploi aussi pénible et complexe que celui de cuisinière engendre le désir de se retremper. Le Bon Dieu veut que je lui fasse un double sacrifice. Vous êtes venu nous voir, il m'a été impossible de vous parler. J'espérais être plus favorisée en allant à Blois. Mais puisque j'en suis privée, j'accepte volontiers cette peine, désireuse d'acquérir l'esprit de renoncement. Je suis si peu généreuse pour Dieu. Je vous demande, mon Père, la grâce de renouveler mes saints vœux en union avec nos sœurs et vous promets d'être plus fidèle à l'avenir. Un mot de vous me donnera la paix du cœur. »

Nous avons déjà vu que, pendant quelques années, la charge de quêteuse lui fut confiée.

Plusieurs fois, son allure assez dégagée la fit prendre pour un homme déguisé. Un certain soir, elle fut acceptée pour la première fois dans un château. On y conçut à son sujet de si grandes craintes que, les gendarmes mandés pendant la nuit, arrivèrent à quatre heures du matin et contraignirent les Sœurs à les suivre jusqu'au poste de police. La gaieté de Sœur Colette ne se démentit pas. Après un interrogatoire, pendant lequel, par ses amusantes réparties, elle eut le beau rôle, on la remit en liberté et elle continua son voyage.

Quand elle arrivait dans une maison connue, on se réjouissait de la revoir. Sa bonté et son affabilité ouvraient les cœurs et lui valaient assez souvent des confidences. Que de bien fait ainsi par elle, alors qu'en recevant l'aumône matérielle, elle en donnait une autre plus précieuse, celle de ses judicieux conseils ! Accueillie chez des ouvriers, elle cherchait toujours à rendre service. Un jour, se présentant chez un meunier qui avait coutume de la recevoir, elle apprit qu'il avait perdu sa femme depuis quelques mois. A ses moments libres, elle s'occupa de raccommoder les vêtements des enfants. Le pauvre veuf en fut vivement touché. Quand la quête de Sœur Colette fut terminée, il lui proposa de la conduire en voiture avec sa compagne au pays voisin. Chemin faisant, il la remercia de ce qu'elle avait fait pour ses enfants et finit par lui dire : « Quel malheur que vous soyez religieuse ! Croyez-vous que vous ne seriez pas plus heureuse d'être une bonne mère de famille, que d'aller, de porte en porte, demander l'aumône ? Je vous prendrais bien pour élever mes enfants et, en acceptant, vous feriez un grand acte de charité. » Cette histoire l'amusait beaucoup et lui faisait dire avec malice : « Je n'ai été demandée en mariage que depuis mon entrée au couvent et... par un meunier. »

Après quelques années passées dans l'emploi de quêteuse, Sœur Colette fut envoyée au Mans, comme cuisinière. Sa charge ne suffit pas à son zèle. Elle s'occupa de soigner plusieurs infirmes le jour et la nuit. Son aide-infirmière, aussi bien que le jardinier qui dépendaient d'elle, avaient pour elle une vive gratitude. Elle était si prévoyante et savait pourvoir avec tant de sollicitude à leurs besoins. Bien longtemps après son départ, lorsque devenue Supérieure à Rouen, elle passait au Mans, c'était un bonheur pour eux de venir la saluer et de rendre hommage à sa bonté en déclarant que, depuis son départ, personne ne leur avait porté autant d'intérêt.

Mais l'œuvre vers laquelle son cœur s'inclinait de préférence, c'était celle des domestiques, jeunes filles à placer. Elles étaient reçues dans la maison, mais on ne les nourrissait pas. Chacune se munissait d'aliments et demandait qu'on voulût bien les lui préparer. C'est là où Sœur Colette déploya sa bonté et sa patience. Elle veillait avec attention à soustraire aux privations ces pauvres enfants. Elle demandait à sa Supérieure d'utiliser les restes du repas de la maison, (quand il y en avait), en faveur de celles qui, trop pauvres, ne pouvaient se suffire. Que de fois on l'a entendue s'écrier : « Si j'étais Supérieure, je ferais mieux que cela. Les domestiques seraient plus heureuses, je les nourrirais. » Et cette parole, inspirée par la bonté de son cœur, devint pour ainsi dire une devise : « Je ferai mieux que cela. »

La Providence allait bientôt lui fournir l'occasion de la réaliser.

En 1877, le R. P. Gailhard, Jésuite en résidence à Rouen, demanda à Blois des Sœurs pour s'occuper de l'œuvre des domestiques. Sa demande fut agréée. La R. Mère Marie de Jésus, Supérieure Générale, choisit trois religieuses pour s'occuper de la nouvelle fondation. Accompagnée de Sœur Nativité et de Sœur Saint-Louis, elle vint au Mans, afin de régler, de concert avec Mère Julie, les derniers détails concernant l'entreprise. Pendant leur séjour, Sœur Colette dit à la Mère Générale : « Ma Mère, vous nous avez fait connaître les deux sœurs qui vont à Rouen. Est-ce une indiscrétion de vous demander quelle est la Supérieure ? » Mère Marie de Jésus lui répondit : « Ma Sœur, il y a longtemps que vous prétendez mieux faire que les autres, nous allons vous mettre à l'épreuve. C'est vous que je désigne. Votre Supérieure du Mans ira vous installer, car je dois retourner à Blois sans retard. »

Sœur Colette fut saisie de surprise, mais se soumit à la décision sans prononcer une parole.

CHAPITRE V

FONDATION DE LA MAISON DE ROUEN

Mère Colette et ses deux compagnes, assistées de Mère Julie, déléguée par la Supérieure Générale, arrivèrent à Rouen le 3 mai 1877. Le R. P. Gailhard et Mademoiselle Durand les attendaient. Cette dernière leur cédait sa maison du 52 de la rue Saint-Patrice et quelle maison !... Mais, les trois sœurs, remplies de courage et de bonne volonté, se promirent bien de ne rien négliger pour assurer le succès de l'œuvre, comptant, avant tout, sur le secours et les bénédictions de Dieu.

Dès le matin, elles procédèrent à une installation sommaire et se préoccupèrent d'acquérir les ustensiles de cuisine les plus indispensables. Mère Colette et Mère Julie se rendirent à cette fin chez un commerçant de la rue Jeanne d'Arc.

Mère Colette tourna plusieurs fois autour du magasin sans découvrir ce qu'elle voulait. Ses prétentions étaient modestes, ses ressources encore plus. « Il n'y a rien ici pour nous, dit-elle à sa compagne. » — « Pourtant, lui répondit celle-ci, il me semble que ce modèle pourrait vous convenir. » — « Il est trop cher. » Le commerçant qui n'avait cessé d'observer et d'entendre, insista pour proposer le fourneau visé par Mère Julie. Mère Colette prit la parole : « Nous arrivons à Rouen afin de fonder une œuvre de Domestiques, nous n'avons pas de ressources, nous ne comptons que sur notre travail et la Providence. » Et comme Mère Julie insistait, elle ajouta : « Ma Mère, qui commande paie. Voulez-vous régler la note ? » Le propriétaire du magasin dit à Mère Colette : « Ma Sœur, ne vous tourmentez pas, je vais faire porter le fourneau chez vous; on l'installera et vous le solderez quand vous le pourrez. » Il en fut fait ainsi dès le jour même.

Pendant ce temps-là, une sœur s'occupait des provisions pour le dîner que l'état des finances imposait des plus modestes. Chez le boucher, elle demanda du mou auquel elle ajouta quelques pommes de terre et un peu de salade. Les Sœurs de la rue de Joyeuse ont gardé le souvenir de ce menu qui est devenu traditionnel sur leur table le 3 mai de chaque année.

On se hâta de préparer des chambres pour les domestiques. Elles vinrent en si grand nombre qu'assez souvent, pour donner l'hospitalité à toutes celles qui se présentaient, il fallut dédoubler les lits.

Le 12 mai, la nouvelle Supérieure rendait compte à M. l'abbé Venot de ses craintes et lui donnait quelques détails sur la fondation par la lettre suivante :

« 12 Mai 1877.

» Mon bon Père,

» Je suis bien en retard pour vous écrire, mais mon nouvel emploi m'a tellement bouleversée que je ne suis pas encore remise. Je me demande si c'est une punition ou une épreuve que je subis. Au lieu de répondre à cette question, je me contente de dire : Seigneur, je suis votre servante, que votre volonté soit faite. J'ai le cœur bien gros, vous connaissez, mon Père, mon peu de vertu, vous savez que je n'ai ni l'instruction, ni l'éducation nécessaires pour remplir une telle charge. Au début d'une fondation surtout, il faut de la prudence, de la discrétion, surtout dans les conditions où nous nous trouvons.

» Notre Mère Générale me laisse espérer que nous aurons le bonheur de vous voir dans le courant de l'été. Ce sera pour nous une grande consolation, nous sommes si éloignées de toutes nos sœurs. Je ne vous donne pas de détails sur notre arrivée à Rouen. Je sais que vous avez été informé par le R. P. Gailhard. Jusqu'à ce jour, tout va bien, le bon Père nous continue ses bienfaits. Les servantes viennent nombreuses, nous ne savons où les coucher. Le concours des dames ne me laisse pas une minute, je ne sors pas du parloir. Tout le monde semble nous porter intérêt, mais on attend beaucoup de notre dévouement.

» Nos sœurs vont assez bien et sont beaucoup plus résignées que moi. Elles supportent généreusement les privations et les ennuis d'une fondation et se montrent très gaies. J'ai hâte de vous voir pour recevoir vos conseils, car je suis bien novice dans ma charge. »

Il va sans dire que les religieuses ne se souciaient guère du confortable. Souvent, pendant leur sommeil, du linge séchait au-dessus de leur tête.

Leur installation comportait des meubles démolis, de la vaisselle fêlée dont Mère Colette se faisait la pourvoyeuse. Car, chaque matin, en allant à la messe, elle avait soin de recueillir sur le trottoir les calottes ébréchées ou fendues que les employés d'un confiseur habitant en face y déposaient.

Lorsque Mère Julie eut jugé sa présence superflue, elle se disposa à retourner au Mans. Mère Colette restait avec toute la responsabilité, possédant pour toute fortune, deux francs et (ajoutait-elle plaisamment) quelques boutons dans ses poches. Elle ne se demandait pas moins, très sérieusement, comment résoudre le problème de la vie matérielle pour elle et son personnel.

S'étant rendue, un matin, à la résidence des Pères Jésuites, après avoir assisté à la messe, elle demanda à parler au Père Gailhard, qui l'interrogea sur la cause d'une tristesse qu'elle ne pouvait dissimuler. Elle lui fit part de ses inquiétudes et lui déclara nettement l'impossibilité dans laquelle elle se trouvait de procurer le nécessaire aux domestiques et à ses sœurs. « Mais, ma bonne Mère, lui dit le vénéré religieux, vos Supérieurs ne vous ont donc pas avertie des conditions dans lesquelles vous êtes venue ici ? » — « Non, mon Père. » — « Eh bien, ne vous désolez plus, voici de l'argent, acceptez-le, plus tard je vous remettrai davantage. »

D'autres sympathies venaient aux religieuses.

Le bon curé de la paroisse leur était tout dévoué. Il fit en sorte qu'aux inhumations, auxquelles était jointe une distribution de pain aux pauvres, le couvent en eut sa large part. Sa servante, désireuse elle aussi, de venir en aide aux sœurs, envoya maintes fois, au nom de son maître et au sien, quelques denrées et continua ses libéralités pendant de longues années.

Quelque peu rassurée au sujet des questions d'ordre matériel, Mère Colette s'inquiéta aussi du côté spirituel. Elle pria le Cardinal de Bonnechose, avec l'autorisation duquel la fondation avait été décidée, de daigner accorder à sa Communauté un confesseur ordinaire et extraordinaire. Son Eminence lui fit répondre qu'elles auraient, elle et ses sœurs, à s'adresser habituellement à M. le chanoine Deshays et extraordinairement à M. l'abbé Cayez, curé de Saint-Patrice.

M. l'abbé Delahaye, Vicaire Général, témoignait aussi aux sœurs une réconfortante bienveillance. Il se fit volontiers l'auteur d'une notice destinée à faire connaître et recommander leur œuvre.

Mère Colette n'ignorait pas qu'un règlement est le puissant soutien de l'ordre. Elle décida donc de soumettre le suivant à l'approbation de l'Autorité Diocésaine et d'en demander l'accomplissement aux domestiques non placées, séjournant dans la maison.

RÉGLEMENT

5 h. 30. — Lever.
6 heures. — Prière.
6 h. 30. — Messe.
8 h. 15. — Déjeuner.

8 à 9 h. — Ménage du dortoir, réfectoire, salle de travail.

9 à 11 h. — Sortie.

11 h. 30. — Déjeuner.

12 heures. — Récréation.

1 h. 15. — Chapelet, catéchisme.

2 h. à 5 h. 30. — Sortie.

6 heures. — Souper.

7 heures. — Récréation.

8 h. 30. — Prière et coucher en silence.

USAGES

1° Au réveil, la sœur chargée de la surveillance du dortoir dira : « Benedicamus Domino ». — Les jeunes filles doivent répondre : « Deo Gratias ».

2° Quand l'heure sonne, la sœur la bénit en récitant cette prière : « Nous vous adorons, ô Jésus, et nous vous bénissons, parce que vous avez racheté le monde par votre Sainte Croix. »

3° Le matin, le midi et le soir, récitation de l' « Angelus », au son de la cloche.

4° Hors le temps des récréations, conversations pieuses, instructions sur les devoirs d'état, chants de cantiques.

5° Lorsqu'une jeune fille doit sortir, elle demandera, au préalable, l'autorisation d'une sœur.

6° On ne devra jamais rester oisive.

7° Les prières seront présidées par une Sœur.

8° Il ne sera envoyé ni reçu aucune lettre, sans qu'une Sœur en ait pris connaissance.

9° Les jeunes filles placées ne pourront voir

qu'au parloir les sœurs, même celle chargée de leur direction.

10° Elles n'iront jamais dans la salle commune. Lorsqu'elles désireront se rencontrer avec une Sœur ou une compagne, on les fera venir au parloir.

11° Il ne sera jamais lu de mauvais livres, ni chanté de chansons légères.

12° On ne pourra être accueillie dans la Maison sans être munie de sérieuses références.

13° Le refus d'obéissance au règlement, le manque de respect envers les Sœurs, sont des motifs de renvoi.

La mise en pratique de conseils aussi sages assurait la paix dans la maison, que Dieu bénissait de plus en plus, comme le constate le R. P. Gailhard, dans la lettre suivante adressée à M. l'abbé Venot :

« ... La position est désormais conquise. Vos chères Filles sont déjà très appréciées de la population rouennaise. Croyez-vous que cette petite maison, honorée de votre visite, contenait la semaine dernière 25 filles à placer ? Et, des dames des différents quartiers de la ville ont adressé leurs demandes à Mère Colette.

» Depuis l'arrivée de vos Sœurs, Notre-Seigneur n'a cessé de bénir la nouvelle fondation.

» Des bienfaiteurs se sont intéressés à l'œuvre et des secours inattendus nous ont été envoyés par la bonne Providence.

» Dans l'intervalle de quatre mois, 250 domestiques ont été placées par les Sœurs.

» Et ce qui est surtout appréciable, c'est le bien

spirituel accompli par vos religieuses depuis leur arrivée parmi nous.

» Le règlement est parfaitement observé. Il y a beaucoup de piété, de charité, de simplicité parmi nos jeunes filles. Elles acceptent, avec bon esprit, les observations. Presque toutes se confessent et communient avant d'entrer en place. Plusieurs, éloignées des Sacrements, sont revenues à Dieu. On instruit en ce moment une petite protestante qui doit faire son abjuration et recevoir le baptême.

» Si nos bonnes filles ont répondu aux soins des Sœurs, il faut dire que les Sœurs ont été à la hauteur de leur mission. Mère Colette dirige sa maison avec sagesse. Elle est maintenant avantageusement connue dans toute la ville. Tout en laissant paraître une grande bonté, elle conduit tout avec fermeté.

» Sœur Nativité a su faire accepter le règlement. Les débuts ont été un peu difficiles, car tout ce petit monde n'était pas rompu à la discipline, mais, actuellement l'ordre règne, un ordre parfait que tous admirent. Sœur Saint-Louis est aussi très aimée. Ce qui aide aussi au succès de la maison, c'est l'entente absolue entre les Sœurs et la Supérieure, la Supérieure et les Sœurs. »

Mère Colette désirait beaucoup l'appui et la protection d'un Supérieur ecclésiastique. Le bon M. Venot demanda pour elle ce bienfait. Une lettre de M. Delahaye, Vicaire Général, en date du 29 octobre, l'informe que son Eminence a agréé sa requête et a daigné le désigner afin de remplir cette mission, pour l'accomplissement de laquelle il sollicite les prières de la petite Communauté.

Dieu suscitait à l'œuvre de dévoués bienfaiteurs dont il convient, par reconnaissance, de rappeler les noms. Les principaux furent : Mademoiselle Cord'homme, Mademoiselle Miremont, Mademoiselle Aspasie, M. Cosserat et, le plus insigne, M. Baudry.

La maison de Mademoiselle Durand exigeait de telles réparations, qu'au jugement de Mère Colette, c'eût été une imprudence de les entreprendre au titre de simple locataire. Confiante en la Providence et en la protection de Sainte-Anne, qu'elle appelait sa bonne Mère, la meilleure avocate de ceux qui ont besoin de bâtir et que, pendant toute sa vie, elle invoqua toujours avant de réaliser aucun projet, elle résolut d'acquérir l'immeuble. Son geste parut téméraire à quelques personnes, elle laissa dire. Dès qu'elle eut en main les actes de propriété, elle fit procéder aux réparations les plus urgentes. Les appartements les meilleurs et les plus sains furent réservés aux pensionnaires. On tira parti d'un vaste grenier pour y établir quelques chambres. On y plaça des meubles de forme et d'origine les plus variées. L'aspect de la vieille maison fut rapidement changé. Si rien n'y indiquait le luxe, tout y révélait une méticuleuse propreté.

Il fallait aussi penser à un Oratoire. On affecta à cette destination une pièce de quelques mètres carrés. Le modeste mobilier était des plus sommaires; trois chaises pouvant alternativement servir de siège et de prie-Dieu, pour autel, une commode recouverte d'une nappe blanche, poussée devant la cheminée, dont le manteau servait de support à la croix et aux chandeliers.

L'année 1877 fut bien remplie. Le Père Gailhard atteste que, de mai à novembre, 480 domestiques ont été placées par les Sœurs et que 375 se sont approchées des sacrements.

Mère Colette se fait un devoir d'informer M. Venot : « Je suis heureuse de vous dire que Dieu nous continue ses bontés. Notre œuvre est reconnue comme départementale, c'est pour nous important devant l'autorité civile. Monseigneur nous estime, tout va bien, grand concours de monde à la maison.

» Rendons grâces au Seigneur, mon Père, de ces heureux commencements.

» Ce qui me fait de la peine, c'est que je ne sers pas le bon Dieu comme je le devrais. Mes occupations sont nombreuses et ne me laissent pas assez de temps pour y allier la vie intérieure. Ma santé se ressent de ce surcroît de travail. Nous ne sommes pas assez nombreuses. La bonne Mère m'a promis de m'envoyer bientôt une Sœur de plus. Je vous en prie, mon Père, qu'elle soit choisie de bon caractère et dévouée, afin qu'elle n'entrave pas le bien que le bon Dieu attend de nous...... »

Lorsqu'au 31 décembre, Mère Colette fit ses comptes, elle les trouva en déficit. Plutôt que de s'en désoler, elle chercha un moyen d'y remédier. Il était assez délicat à trouver, car dès l'arrivée des Sœurs, S. E. le Cardinal de Bonnechose avait fait informer la Supérieure Générale qu'il n'autoriserait aucune quête. Celle-ci avait répondu à son informatrice, Mlle Cord'homme, en termes tout remplis de soumission et de simplicité : « Les Supérieurs ecclésiastiques qui, jusqu'ici, se sont occupés de notre petite Société nous ont toujours particulièrement conseillé la soumission aux Evêques. Grâce à Dieu, nous n'avons jamais enfreint cette recommandation.

» Bien que notre Règle admette les quêtes, lorsque l'Ordinaire ne juge pas à propos de nous les permettre, nous nous soumettons.

» Dieu sait que nous cherchons des âmes avant tout, vivant comme des pauvres de Jésus-Christ, des offrandes qui nous sont faites, soit par les maîtresses des maisons, soit par les domestiques, en retour du service que nous pouvons rendre en leur trouvant une bonne place.

» Voudrez-vous avoir la bonté d'informer M. le Vicaire Général de Rouen que nous acceptons les conditions imposées par S. E. le Cardinal et les considérons comme sacrées ? Nous ne nous permettrons jamais de contrevenir à sa défense. Nous nous contenterons de ce qui nous sera donné, mais ne demanderons rien. »

Mère Colette, qui n'ignorait pas tout cela, devait respecter les conventions établies et ne pouvait songer à solliciter directement des aumônes. C'est alors qu'ingénieusement elle conçoit un projet de loterie. M. Delahaye, auquel elle a demandé de le soumettre au Cardinal, ne tarda pas à lui répondre :

« S. E. vous accorde l'autorisation désirée et vous recommande de vous mettre en règle avec l'administration civile. »

De ce côté, l'empressement fut moins grand. La réponse n'arriva, rue Saint-Patrice, qu'en janvier 1879. Elle fut pourtant renouvelée pendant de longues années par la bienveillance de MM. les Préfets, jusqu'en 1908.

En 1879, le 24 décembre, Mère Colette fonda à Rouen une seconde maison, sur la paroisse

Saint-Gervais. C'était le complément de l'œuvre des domestiques. La donatrice, Mademoiselle Pecquet, mettait l'immeuble à la disposition des servantes malades, faisant partie de l'Association des Enfants de Marie. La maison à peine ouverte, Mère Colette se préoccupe d'y établir un Oratoire dans lequel elle demande l'autorisation de conserver le Saint-Sacrement. Le Cardinal conseilla seulement la célébration d'une messe par semaine. Il voulut pourvoir par lui-même aux premiers besoins de la nouvelle chapelle, en mettant à la disposition des religieuses, deux ornements, un blanc et un rouge, un calice, un missel et son pupitre.

Mère Colette, confuse de tant de bontés, remercia avec effusion. Elle fait part de sa joie à M. l'abbé Venot qui l'engage à se montrer de plus en plus vertueuse et lui rappelle que le bien ne se fait que par les âmes humbles.

En 1880, la vénérée Mère fonde la maison du Havre. Dieu bénissait son œuvre en Normandie. Elle s'en réjouit pour sa Congrégation et écrit à M. Venot :

« La Providence nous vient en aide, par des moyens qui nous sont inconnus. Je crois qu'elle nous rend en ressources nos charités envers les pauvres filles que nous nourrissons et logeons. Il en est qui me disent imprudente de tant m'appuyer sur elle. Je ne puis pourtant refuser de faire le bien qui s'impose...

Comme compte rendu de l'année, deux maisons nouvelles. Celle de Saint-Gervais en février, celle du Havre en mai... Dieu soit béni. Il a fait pour nous de grandes choses. Unissez-vous à nous, mon Père, pour le remercier.

Je suis heureuse d'ajouter, pour votre consolation, que les Sœurs des trois maisons sont unies entre elles, par le dévouement aux œuvres et une réelle charité. »

Le 52 de la rue Saint-Patrice devenait trop étroit pour que l'on pût satisfaire à toutes les demandes d'admission.

L'année 1882 réservait à la Communauté deux grandes épreuves, la première fut la mort subite de son vénéré Supérieur M. l'abbé Delahaye. Ce vénérable prêtre se rendait un soir, par un froid glacial, au monastère des Bénédictines. En prenant le cordon de la sonnette, il s'affaissa. Il était mort. Les Sœurs le pleurèrent longtemps, il avait été si bon pour elles.

La deuxième peine pour Mère Colette et ses compagnes fut le décès de Mademoiselle Cord'homme, survenu presque à la même époque. C'était une âme simple, dévouée et discrète, qui avait contribué à la fondation de la maison et au progrès de l'œuvre à laquelle elle avait rendu d'immenses services pendant cinq années. Mère Colette fut d'autant plus affligée qu'elle perdait en elle, avec une bienfaitrice fidèle, sa meilleure, sa plus sûre confidente.

En annonçant cette peine à M. Venot, elle ajoute : « Si nous sommes entourées de respect et d'estime, c'est à cette bonne Demoiselle que nous le devons. »

D'autres difficultés vinrent s'ajouter aux tristesses causées par les deuils. La Mère Générale crut devoir enlever la Sœur, seule capable de s'occuper des Enfants de Marie. Le Père Gailhard et Mère Colette firent de vives instances pour obtenir son retour jugé nécessaire. Leur démarche n'eût aucun succès.

Bien plus, le 31 janvier 1883, la R. Mère Julie, Supérieure Générale, adresse à Mère Colette une lettre dans laquelle elle lui laisse pressentir la possibilité d'un prochain changement. La petite Communauté fut profondément affectée, car rien ne pouvait lui être plus pénible que l'éventuelle disparition de sa Supérieure.

En apprenant cette nouvelle, le Père Gailhard s'émeut et écrit sans tarder à M. Venot :

« Une lettre de Mère Julie, arrivée hier à Rouen et adressée à la Sœur Colette, nous met dans l'inquiétude. Je ne sais s'il est question du changement de cette chère Sœur. Dans cette hypothèse, voici quelques raisons, que je crois devoir vous soumettre :

« 1° La maison de Rouen a beaucoup souffert cette année. Elle a perdu son Supérieur ecclésiastique, M. Delahaye; Mademoiselle Cord'homme, un de ses principaux appuis à l'extérieur, qui avait contribué à la fondation et au progrès de l'œuvre, avec humilité et simplicité, est décédée elle aussi. Vous savez ce qu'était la Sœur X... pour l'établissement. Elle nous a été enlevée en quelques heures. Si on veut maintenant retirer Sœur Colette de la maison de Rouen pour l'envoyer ailleurs, on nous enlève tout dans une année et coup sur coup. Vous me permettrez de vous dire M. le Supérieur, que pour la rue Saint-Patrice, ce serait trop d'épreuves à la fois.

2° Vous n'ignorez pas que les maisons de Normandie sont unies à celle de Rouen par des liens dont Sœur Colette est le nœud. A Saint-Patrice, tout va bien, parce qu'elle trouve le moyen de tout concilier, mais, si elle venait à disparaître, nous nous trouverions en présence de complications sérieuses....

Pour tous ces motifs, je viens vous demander, ainsi qu'à Mère Julie, de surseoir à une mesure qui nuirait à votre Congrégation plus qu'elle ne lui servirait. »

Ces sages raisons furent appréciées à Blois, et à Mère Colette fut laissée la mission de continuer à développer son œuvre.

M. Margueritte, Vicaire Général, recueillit la succession de M. Delahaye et devint Supérieur des maisons de Normandie.

Dès qu'elle fut officiellement informée de cette nomination, Mère Colette s'empressa, comme il convenait, d'aller rendre ses devoirs au nouvel élu et l'assurer de sa soumission. Elle lui ajouta même ces paroles qu'il se plaisait ensuite à répéter en souriant : « Nous vous remercions bien, mon bon Monsieur, d'avoir daigné accepter la charge d'être notre Supérieur. Nous nous rendons parfaitement compte de votre mission et de nos devoirs. Nous savons que vous serez pour nous un Père qui nous guidera et nous protégera. Quant à nous, nous vous ménagerons, nous vous demanderons vos précieux conseils chaque fois que nous en aurons besoin, c'est-à-dire le moins souvent possible, afin de ne pas vous importuner. »

La maison de la rue Saint-Patrice ne pouvait plus suffire au zèle de Mère Colette, même après l'adjonction du local voisin servant d'école libre, devenu disponible par le départ des Frères, contraints de le quitter. Elle se sentait à l'étroit, avec tout son personnel. Aussi, demanda-t-elle à

Blois, l'autorisation qu'elle obtint, de chercher une plus vaste demeure. Elle commença ses investigations, confiante en la Providence et se plaçant sous la protection de Saint-Antoine de Padoue, auquel elle promit, si elle réussissait, d'entrer le premier dans l'immeuble.

Elle poursuivit longtemps son but sans résultat. Un jour, où elle rentrait, fatiguée de ne rien découvrir, elle rencontra M. le Chanoine Dicquemare, qui lui dit en l'abordant : « Vous cherchez une maison ? Si vous voulez me suivre, je vous en indiquerai une et vous la ferai visiter. »

Le digne prêtre était le Supérieur des Sœurs Bénédictines de l'Immaculée Conception qui venaient de quitter Rouen pour s'installer à Igoville, au diocèse d'Evreux. Son intention était de faire agréer par Mère Colette leur ancien couvent.

Il l'y conduisit et, après une visite attentive, il fut convenu que les démarches nécessaires seraient faites auprès des Bénédictines, pour l'acquisition de cette maison sise rue de Joyeuse. Ceci se passait en mai 1883. A la Mère Colette qui le met au courant de ce projet, M. Venot répond :

« ... Si M. Margueritte regarde l'affaire dont vous me parlez comme n'étant pas imprudente, et si, d'ailleurs, la Providence vous en donne les moyens, je consens volontiers, il convient pourtant d'en écrire à votre Mère, afin que tout se passe régulièrement.

« J'avoue que les temps ne me semblent guère favorables, mais, je m'en remets à vos Supérieurs locaux, qui sont plus à même d'apprécier... »

Le Supérieur local n'était point disposé à cet achat. A son avis, c'était aller bien vite et s'engager d'une manière trop considérable. Mais devant la souffrance des Sœurs, l'inébranlable confiance de Mère Colette en la Divine Providence, il donna son assentiment. Après quelques hésitations, les Supérieurs Majeurs acquiescèrent à leur tour, et l'acte fut signé le 1er décembre 1883.

Tout le personnel de la rue Saint-Patrice avait hâte de respirer le grand air et de sentir l'effet des rayons du soleil dont il était privé. Mais, comment prendre possession de cette maison de Joyeuse, occupée par 14 locataires ? Toute autre que Mère Colette eut reculé devant cette difficulté. Elle dit à ses Sœurs : « Allons-y quand même, nous y souffrirons, mais, par notre vie de dévouement, nous édifierons ces braves gens. »

Il fallut, pendant deux années, accepter la vie mêlée avec les personnes du monde. Les plus tristes, en apprenant l'arrivée des Religieuses, voulurent changer de domicile, mais le plus grand nombre désira rester. Dès qu'une chambre devenait vacante, elle était immédiatement occupée par le personnel de la Communauté. Ce fut un beau jour pour Mère Colette que celui où le dernier locataire lui remit ses clefs. Pour traduire son bonheur, elle fit allumer, dans la cour, un feu de joie.

M. Margueritte ne tarda pas à reconnaître les avantages de la nouvelle acquisition. Il avoue que la Supérieure a été inspirée de Dieu qui a répondu à sa fervente confiance, il se rend compte du savoir-faire de Mère Colette, dont il n'a qu'à se louer et lui rend le meilleur des témoignages, en écrivant à M. Venot :

« L'importance que votre œuvre est appelée à prendre dans notre diocèse me fait désirer que vous confiiez à la Sœur Colette une surveillance générale de toutes les maisons de notre région, en lui donnant, s'il le faut, un titre, comme celui de Visiteuse, par exemple, qui établisse et fasse bien respecter son droit d'inspection. Ce serait, je crois, à tous points de vue, une excellente mesure. »

L'année 1883 réservait à Mère Colette une douloureuse épreuve. Le grand, le vénérable Cardinal de Bonnechose, dont le talent et les vertus faisaient l'admiration de son diocèse, de l'Eglise et de la France entière, en octobre, rendit son âme à Dieu. Sa mort fut pour elle la cause d'un profond chagrin. Il s'était montré si bon et si dévoué pour son œuvre ! Elle ne se découragea pourtant point, s'en remit à la sagesse Divine et, par des prières multipliées, lui demanda un Pontife bienveillant pour sa maison.

Elle obtint mieux et plus. En lisant, le 22 mai 1884, la lettre de prise de possession du Siège Métropolitain de Rouen par Monseigneur Thomas, elle pressentit en lui un ami des humbles et des petits. L'avenir devait lui révéler, nous le verrons plus tard, de la part de son Archevêque, des bontés, des attentions, des délicatesses inoubliables.

CHAPITRE VI

RELATIONS AVEC LES SUPÉRIEURS

Dès son arrivée à Rouen, Mgr Thomas, en souvenir de Mgr Pallu du Parc, Evêque de Blois, Fondateur des Franciscaines Servantes de Marie, avec lequel il était très lié, voua à cette Congrégation une affection et une protection particulières.

Enthousiaste pour tout ce qui lui paraissait beauté, noblesse et justice, réalisateur de projets vastes et grandioses, son esprit descendait aisément des sommets pour s'exercer dans une exacte appréciation des personnes. Il estimait et encourageait celles qui, dans leur sphère, même modeste, visaient au bien avec un parfait attachement au devoir.

Dès le début de son Episcopat, à Rouen, Mère Colette lui apparut une de celles-là. Il eut l'intuition de la finesse naturelle qu'elle cachait sous son attitude impeccablement religieuse. Elle lui fut sympathique. Et tout en lui témoignant une confiance paternelle, soit en présidant les cérémonies religieuses qui s'accomplissaient dans la chapelle de la rue de Joyeuse, ou en la favorisant d'une visite inattendue, il se délassait des soucis d'une lourde administration, provoquait de sa part des réponses, des réflexions, qui, par leur spontanéité, leur prudence normande et leur style parfois pittoresque, avaient le don de le distraire.

Il est probable que la vénérée Mère, très avisée, s'en rendait un peu compte. Réservée devant les personnes ordinaires, en présence de son Archevêque, elle parlait en toute confiance, non seulement chez elle, mais encore au palais archiépiscopal, lorsque les réceptions officielles l'y conduisaient.

Chaque année, le 8 décembre, l'Archevêque répondait fidèlement à l'invitation de Mère Colette et honorait la Communauté de sa présence. Avant ou après la cérémonie religieuse, avait lieu la réunion au parloir, à laquelle assistaient peu d'élus, auxquels cette faveur paraissait si précieuse qu'aucun n'aurait voulu la décliner.

Nous y avons entendu des dialogues comme celui-ci : « Qu'ai-je appris, Mère Colette ? Il paraît que vous faites bâtir sans m'avoir demandé la permission. »

« Oh, Monseigneur, comme je suis heureuse que vous vous intéressiez à ma construction. Je devine votre intention de m'offrir un ou deux billets de mille pour m'aider à la payer. »

« Ce n'est point là ma pensée. »

« Dans ce cas, Monseigneur, ne vous tourmentez point, tout sera très bien. J'ai commandé, je paierai. Et quand ma maison sera terminée, je vous inviterai à la bénir. »

Au moment où le gouvernement se disposait

à exiger des Communautés le paiement des droits d'accroissement, un agent enquêteur se présente et demande à Mère Colette : « Vous êtes des Religieuses ? » « Des Religieuses, grand Dieu ! C'est trop d'honneur nous faire. Nous sommes de braves Filles qui n'avons point voulu nous marier, qui ne cherchons qu'à faire le plus de bien possible. Dites-le à vos chefs, mon bon, et demandez-leur de nous laisser tranquilles. » L'agent se retira en souriant.

Mais l'histoire arriva aux oreilles de l'Archevêque qui, à sa première rencontre avec Mère Colette, lui dit : « Il paraît que vous et les vôtres, vous êtes de braves Filles qui n'ont pas trouvé à se marier ? » « Je vous demande pardon, Monseigneur, et je vous prie d'accepter la rectification. Nous avons bien trouvé, mais nous n'avons pas voulu. »

Un jour, passant devant la maison, Sa Grandeur entre à l'improviste. Mère Colette, qui n'avait pas prévu cette visite, était en costume de lessive, chaussée de sabots, sans cornette, la tête couverte d'un fichu. Au coup de sonnette, elle apparaît pour jeter un coup d'œil. Elle aperçoit le Prélat et ne peut s'esquiver sans être aperçue. « Eh bien, que vois-je ? Depuis quand les Religieuses mettent-elles chapeau bas pour recevoir leur Archevêque ? Puis, je vous trouve encore sortant de la buanderie dont je vous avais défendu de passer le seuil. C'est mal de me désobéir. »

« Dieu me garde, Monseigneur, d'enfreindre jamais vos ordres. Je m'excuse d'abord de n'avoir point ma coiffe, qu'avec votre permission je vais aller mettre. Quant à votre défense, je l'ai docilement observée, car à partir du jour où vous l'avez portée, je suis passée régulièrement par la fenêtre de la buanderie pour n'en point franchir le seuil. »

Lorsque Mgr Thomas, en récompense de tous les services rendus par lui à l'Eglise, fut élevé au Cardinalat, il reçut, selon la coutume, les hommages du Clergé et des Communautés religieuses. Mère Colette se rendit, elle aussi, à l'archevêché. Les Sœurs qui représentaient les autres Communautés de la ville, n'ignorant pas la joie que provoquait sa présence, lui offrirent de passer la première. Elle se garda bien d'accepter, ayant maintes fois constaté qu'en restant au dernier rang, elle avait plus à gagner qu'à perdre par l'avantage d'une audience prolongée.

Son tour venu, elle se présenta, fit sa plus belle révérence et après avoir balbutié quelques mots de félicitations, allait discrètement se retirer, quand le Cardinal lui dit : « Comment, Mère Colette, vous voulez partir ? Je ne l'entends pas ainsi, vous ne sortirez pas d'ici avant de m'avoir improvisé un petit discours. »

« Mais, Monseigneur, je n'y entends rien. »

« Je maintiens mon désir. »

Mère Colette passa la main sous sa cornette, se gratta le front, geste qui, chez elle, indiquait un court embarras toujours suivi d'une prompte solution et répondit : « Puisque votre Eminence le désire, je vais m'exécuter et résumer mes sentiments en deux mots. Je vous souhaite, Monseigneur, premièrement de ne point succomber sous le poids des honneurs qui vous arrivent. Deuxièmement de conserver longtemps sous votre habit rouge, pour nous et pour tous, le même excellent cœur qui battait sous votre soutane violette. »

Le Cardinal agréa ces vœux et déclara à leur auteur n'en avoir pas entendu exprimer, au cours de la réception, qui lui fussent plus agréables.

Il s'approcha de Mère Colette pour lui présenter son anneau à baiser. La voyant entourée de plusieurs jeunes Sœurs, il demanda la raison de leur présence.

« Ce sont, lui dit la Mère, les Supérieures de toutes nos maisons qui sont venues joindre leurs hommages aux miens. L'Archevêque alors, les interrogeant à tour de rôle, s'informa de la résidence à laquelle elles appartenaient. Quand il eut entendu sur toutes les lèvres la même réponse : « A la rue de Joyeuse, Eminence », il se retourna vers Mère Colette : « Que m'avez-vous encore raconté là ? » « Monseigneur, excusez-les, je leur avais pourtant convenablement fait la leçon, elles l'ont oubliée en route et omis de vous dire un mot important, qu'elles étaient les déléguées des Supérieures. »

D'autres Prélats ne ménagèrent point leur sympathie à Mère Colette et ne dédaignèrent pas sa fine conversation. Mgr Jourdan de la Passardière, alors auxiliaire du Cardinal Thomas, vint un jour la visiter. Compatriote, puisqu'originaire de Granville, elle l'avait connu pendant sa jeunesse. Il tint à le lui rappeler. A son arrivée, elle était occupée à présider le Chapitre de ses Sœurs. Dès qu'elle fut en la présence de l'Evêque, elle lui demanda : « Est-il vrai que ce sont vos éloquents sermons qui vous ont valu ce bel habit ? » « Cela se pourrait, ma Sœur ».

« Eh bien, Monseigneur, puisque vous parlez si facilement, faites donc une bonne œuvre. Quand on est venu me chercher pour vous recevoir, je commençais à entretenir mes Sœurs de leurs devoirs. Je vous en prie, continuez et terminez. Tout le monde y gagnera, moi plus que toutes les autres. » Mgr de Roséa accepta.

Mgr Fuzet fut accusé par ceux qui l'ont peu connu de sévérité et d'insociabilité. Au contraire, il était apprécié de ses familiers et de ses intimes à cause de sa bonté, de sa droiture, des procédés délicats par lesquels il révélait une amitié, dont sa froideur apparente ne nuisait en rien à la fidélité. Il n'échappa pas à l'ascendant exercé sans calcul par l'aimable simplicité de Mère Colette.

On n'a pas oublié cette journée du 13 juin 1901, présidée par lui, au cours de laquelle il lui fit don d'une belle photographie, qui orne encore le parloir de Joyeuse, où elle est respectueusement conservée. On y lit cet autographe : « Souvenir de mon passage dans la Maison de Mère Colette que Dieu garde longtemps. — Frédéric, Arch. de Rouen. » Les nombreux témoignages d'intérêt que ses Archevêques lui multiplièrent ne furent pas le moindre encouragement pour la bonne Mère.

Tous les ecclésiastiques auxquels l'Evêque de Blois confia le titre de Supérieur des Servantes de Marie, M. Venot et, après lui, MM. Chevallier et Marnasse, lui montrèrent des sentiments de réelle estime et une paternelle affection. M. Marnasse lui écrivait, en 1910 : « Je demande à Dieu qu'il conserve longtemps à la Vénérable Mère, dont nous avons encore tant besoin, ses forces et son intelligence, et à sa maison de Joyeuse, cet esprit d'union, de concorde, de régularité aux exercices de piété, en un mot, cet esprit religieux qui la distingue et que je voudrais voir augmenter encore, afin que nous soyons véritablement dans l'ère du progrès. »

Le dévouement de Mère Colette pour la Congrégation était connu de toute la Communauté. Le savoir-faire qu'elle avait montré dans la fondation des maisons de Normandie, lui attira la sympathie du plus grand nombre des Sœurs, qui la nommèrent Conseillère.

Les Révérendes Mères Générales pour lesquelles elle fut toujours un soutien, lui témoignèrent, à différentes reprises, leur reconnaissance. La R. Mère du Saint-Sacrement lui écrivait le 4 mars 1901 :

« Vous connaissez, ma chère Mère, les sentiments d'estime et de confiance que j'ai pour vous. Bien que nos relations ne soient plus les mêmes (la Mère, après son Généralat, était devenue Assistante), cela ne change en rien mes dispositions à votre égard. »

A son tour, la R. Mère Marie Gabrielle, Supérieure Générale, en mars 1902, lui adresse ces lignes : « Je suis heureuse, à l'occasion de votre fête, de vous dire combien je suis touchée de vos bontés pour moi. Je n'entre pas ici dans les détails et ne veux pas étaler ce que vous faites, avec tant d'esprit de foi et d'humilité. Sachez que rien ne m'échappe et, qu'au fond de mon cœur, je vous suis profondément reconnaissante. Il ne se passe pas de jour sans que je remercie Notre-Seigneur de vous avoir mise près de moi, comme première Conseillère, pour me soutenir et m'aider dans ma lourde tâche. Merci, ma bonne Mère Colette, continuez toujours à agir avec l'esprit de foi qui vous caractérise et ne voyez dans le pauvre et misérable instrument placé à votre tête que la représentante du bon Dieu. »

La Supérieure Générale, sachant que la déférence de Mère Colette pour elle était sans limites, avait souvent recours à ses conseils. Fréquemment, pour traiter des affaires de la Congrégation, elles se donnaient rendez-vous à Paris. Par goût, la Mère Générale se serait volontiers fait rejoindre dans une pension de Dames seules, ou chez des personnes amies. Elle savait que Mère Colette, désireuse d'être affranchie de toute dépendance, ne se serait pas sentie à l'aise dans ces milieux. La rencontre et les entretiens avaient donc généralement lieu dans la salle d'attente de la gare du quai d'Orsay. Après la solution des questions sérieuses, Mère Colette prenait son ton jovial et s'efforçait de dérider sa Supérieure, en lui racontant des histoires et anecdotes de jeunesse. Certain jour, elle captiva si bien son attention, que, toutes deux, eurent la désagréable surprise de voir partir le train qui devait ramener à Blois la Mère Générale.

Notre bonne Mère ne sut jamais résister à un désir de l'Autorité. On le savait à la Maison-Mère. L'Assistante, Mère Marie du Saint-Sacrement, lui écrivait, le 26 janvier 1908 : « J'ai appris que vous êtes souffrante. C'est souvent votre tour, ma pauvre Mère. Heureusement qu'il y a un moyen pour vous remettre, un petit voyage avec notre Mère Générale, ou un rendez-vous à Paris. Et, aussitôt, vous serez sur pied.

Je suis très heureuse de ce remède qui vous permettra d'être fidèle à la rencontre fixée au 25 mars, laquelle est indispensable. »

L'année suivante, en réponse à ses vœux de bonne année, elle lui écrivait : « Que le bon Maître vous donne la santé, si précieuse pour vous, d'abord, mais aussi pour tout le monde. Vous savez, ma chère Mère, combien vous êtes nécessaire à notre chère Congrégation, dont vous êtes en grande partie le soutien et le conseil. Soyez donc prudente et ménagez-vous, le bien général le demande. »

CHAPITRE VII

VIE INTÉRIEURE

SON ESPRIT DE FOI

La foi de Mère Colette lui aurait fait transporter des montagnes. C'est sans doute pour cette raison qu'elle a pu faire tant de bien.

Sa foi se traduisait dans ses prières, dans son confiant abandon à la Divine Providence. Formait-elle un projet ? Elle commençait par le confier à Dieu avant de recourir aux moyens humains.

Au fond de la cour du couvent de la rue de Joyeuse, se trouve la statue de saint Antoine, que Mère Colette, fidèle à sa promesse, avait fait entrer le premier dans la maison. L'acquisition du jardin attenant à la Communauté lui ayant paru nécessaire, elle dit au saint : « Il faut que vous me donniez ce jardin avec ces deux bicoques. » Elle jeta par dessus le mur une médaille du thaumaturge, puis essaya quelques timides propositions au propriétaire. Celui-ci déclara, qu'à aucun prix, il ne vendrait sa maison aux Sœurs, parce qu'elles attiraient trop de miséreux dans le quartier, et que, si elles s'agrandissaient, on pouvait craindre que le nombre augmentât encore. Mère Colette ne perdit pas courage. Elle associa des médailles de saint Benoît à celle de saint Antoine et attendit avec patience.

Dès qu'elle apprit la mort du récalcitrant propriétaire, elle jugea le moment favorable. Mais, avant toute nouvelle tentative, elle voulut, avec sa Communauté, faire une neuvaine à son céleste avocat. Chaque jour, elle se rendait avec les Sœurs impasse Caron. Après la récitation des prières, elle frappait trois fois à la porte de la vieille masure en disant : « Ouvrez, mon bon Saint, il y a assez longtemps que vous êtes enfermé. » Sa confiance fut récompensée. Après bien des difficultés, les héritiers consentirent à vendre leur propriété.

Une Sœur nous raconte qu'elle se rendit un jour chez la Mère, pour lui annoncer que la provision de légumes ne suffirait pas pour la journée. « Allez voir encore une fois, ma Fille, vous avez dû vous tromper. La bonne sainte Anne ne peut pas nous laisser manquer. » Elle retourna à la cave et y trouva des provisions pour deux jours.

La même, se rendant au marché, perdit son porte-monnaie contenant 110 francs. En rentrant, elle fit part de sa mésaventure à Mère Colette qui lui demanda : « Aviez-vous quelques Saints dans votre bourse ? » « Oui, ma Mère. » « Eh bien, allez déjeuner, vous êtes fatiguée, la bonne sainte Anne rapportera votre porte-monnaie. » En effet, avant que le repas de la Sœur fût terminé, quelqu'un se présentait au réfectoire pour lui remettre, intact, l'objet retrouvé.

Mère Colette avait une profonde dévotion envers la Sainte-Eucharistie. Elle entendait qu'on ne s'en approchât que dans les meilleures dispositions.

Lorsque l'Eglise intervint pour enlever aux Supérieures de Religieuses le soin, désormais confié aux confesseurs, de fixer le nombre des Communions, elle continua de veiller, dans la mesure du possible, à ce que la Sainte Table ne fût fréquentée qu'après une sérieuse préparation. Dans cette intention, elle donnait à ses Filles une pieuse pratique pour tous les jours du mois. C'était ordinairement une prière en rapport avec le temps liturgique.

Pendant l'Avent, sa ferveur semblait redoubler. De tout son cœur, elle soupirait vers le Verbe naissant. Elle cherchait à faire passer dans l'âme de ses Filles, ses propres sentiments. Elle aimait à réciter la prière suivante :

« Venez, divin Messie, donnez à nos âmes une nouvelle vie, arrachez de nos cœurs tout ce qui pourrait vous déplaire. Bien plus que notre propre intérêt, nous voulons avoir celui de vous être agréables et de vous satisfaire.

« O Mère de douceur, préparez un berceau à Jésus, dans nos cœurs.

« O Père de ce Divin Enfant, faites qu'en nous il repose en naissant.

« Que n'ai-je les ardeurs de ces grands désirants qui soupiraient sans cesse vers le Verbe naissant !

« Divin Enfant de Bethléem, qui vous êtes fait notre pain, venez nous rassasier de vous, afin que nous ne cherchions plus aucun autre bien que vous-même.

« Consolez nos cœurs, calmez nos ennuis.

« Vous donnant à nous, Sauveur promis. Amen. »

Maintes fois, nous avons expérimenté nous-même, avec quelle respectueuse déférence Mère Colette accueillait les prêtres. Comme elle appréciait la piété de ceux qui, par leur ministère, se trouvaient associés à son œuvre ! Avec quelles précautions, touchant à la frayeur, elle se serait permise une remarque, même faite en vue du bien, sur leur manière d'agir !

Le trait suivant la peint tout entière.

Un malheureux prêtre, originaire de Rouen, avait contracté des habitudes d'intempérance qui le conduisirent à des excès par trop constatés. L'Autorité dut sévir et l'infortuné, victime de sa passion, fut bientôt réduit à la plus profonde misère.

Mère Colette ne se contenta pas de prier pour lui, elle lui offrit un refuge, tenta de l'aider à sortir de son misérable état. Pendant quelque temps, elle crut avoir atteint son but, mais l'habitude reprit le dessus et éloigna le coupable de Joyeuse. Elle fut profondément peinée de cette défection. A tous ceux qui la blâmaient, lui faisaient ressortir combien l'ingratitude avait répondu à ses bienfaits, lui reprochaient de soutenir par ses aumônes ce malheureux qui l'importuna pendant plusieurs années, à toutes les objections, à toutes les critiques, elle répondait par ces seules paroles, impressionnantes devant une telle déchéance : « Il n'en est pas moins prêtre pour l'éternité. »

Son esprit de foi apparaissait également dans ses rapports avec ses Supérieurs. Elle recevait leurs lettres avec le plus grand respect, en faisant précéder la lecture d'un grand signe de croix. Si le contenu renfermait quelque chose de pénible, elle baisait le texte par esprit de soumission. Voici le témoignage que lui rend une de ses Sœurs : « Je cueille çà et là dans le champ si fécond de la vie de Mère Colette, quelques souvenirs édifiants gravés dans ma mémoire J'aime me rappeler avec quel respect elle parlait des Supérieurs, interprétait leurs intentions, lisait leurs lettres. Je me souviens d'une circonstance très grave, dans laquelle je pus admirer sa surnaturelle docilité. Il s'agissait d'une décision pénible pour son cœur, prise par Monseigneur Fuzet. On devina son intime souffrance, mais pas un mot de plainte ne sortit de ses lèvres.

» Jamais on ne l'entendit prononcer une parole trahissant le mécontentement ou signifiant un blâme. Lorsqu'à la Retraite de 1913, les Supérieures furent prévenues que celles qui occupaient leur charge depuis douze ans ne pourraient être réélues l'année suivante, ce fut pour la vénérée Mère une peine profonde, non qu'elle fût attachée à ses fonctions, mais parce qu'elle ne pouvait se faire à l'idée d'une séparation totale. Elle avait tant travaillé pour sa chère Normandie ! Six maisons avaient été fondées par elle dans le diocèse de Rouen. Elle avait établi à Joyeuse toutes les œuvres de miséricorde exercées dans sa Congrégation.

» Venue à Rouen, en 1877, avec deux Sœurs, elle devrait en laisser quatre-vingts, réparties dans les diverses résidences. Et il fallait s'éloigner de ces lieux si chers, témoins de 37 années de peines et de sacrifices !

Si dure que fût pour elle cette obligation, elle ne s'y déroba point. Un an d'avance on l'entendait dire : « Mon Dieu, que votre volonté soit faite et non la mienne, vous savez ce qu'il m'en coûte, mais je me soumets pleinement. Je ne voudrais pas, par un acte de résistance même intérieur, perdre le mérite de cinquante années de vie religieuse. »

Dieu, qui récompense souvent dès ici-bas, les âmes généreuses, agréa sa sincère obéissance et permit qu'à la suite des événements, elle mourut Supérieure à Joyeuse, entourée des soins et de l'affection de ses chères Filles.

CHAPITRE VIII

SA CHARITÉ

S'il est vrai qu'en créant le cœur humain Dieu y plaça d'abord la bonté, il se montra particulièrement généreux à l'égard de Mère Colette, car la vertu de charité dominait en elle.

Qui dira les personnes en situation pénible qu'elle a secourues, le nombre de celles qui lui doivent d'être restées honnêtes, de celles qui, après un écart ou une chute, ont trouvé près d'elle réconfort et soutien !

Assez souvent de très jeunes filles arrivaient de la campagne pour se placer en service. La plupart portaient sous le bras leur mince bagage, enveloppé dans une serviette, ou un mouchoir de poche. Dans ces circonstances, la bonne Mère se montrait particulièrement charitable, ne reculant pas devant la libéralité d'offrir un petit trousseau. Elle voulait aussi, chaque fois qu'une domestique rentrait au foyer de l'œuvre, que sa malle fût ouverte, visitée, afin que l'on pût procéder aux raccommodages qui s'imposaient.

Que de fois on l'a vue laver elle-même le linge sale de ses protégées ! Souvent, elle appelait la

Sœur chargée d'elles et voulait savoir, jusque dans les plus petits détails, comment elle les traitait.

Une de ses Religieuses vient un jour la prévenir de la présence dans la maison d'une jeune bonne orpheline. Elle s'est présentée presque sans vêtements et la tête couverte de plaies. On se demande qu'en faire. Mère Colette répond : « Ma sœur, puisque cette enfant n'a plus de mère, vous allez lui en servir. Vous lui procurerez tout ce dont elle aura besoin. Faites-lui prendre un bain, et demain, vous lui soignerez la tête. Surtout, prenez-là à part, afin de ne pas l'humilier. Le lendemain, la Religieuse essaye d'obéir. Mais en face des plaies, de la malpropreté et de l'odeur infecte de cette tête, son cœur se soulève et le courage l'abandonne. Elle se rend auprès de sa Supérieure et lui avoue sa répugnance. « Cela ne m'étonne pas, ma pauvre petite sœur, eh bien, laissez la malade, dès que j'aurai terminé ce qui me retient, j'irai la soigner moi-même. » La Sœur, un peu honteuse, et voulant éviter cette peine à Mère Colette, retourna auprès de la malheureuse enfant et s'occupa de la panser.

Cette jeune fille paraissait si chétive qu'on décida de la garder au couvent, afin qu'elle pût s'y fortifier. On l'occupa à la cuisine, pendant plusieurs mois, et son état étant devenu plus satisfaisant, on la plaça.

La reconnaissance est rare. La Sœur qui, non sans sacrifices, avait si généreusement donné ses soins, rencontra un jour, en ville, son ancienne protégée, qui tourna la tête pour ne pas la saluer. La Religieuse en fut vivement peinée et, à son retour, raconta ce qui s'était passé. Mère Colette en profita pour faire comprendre à cette jeune Sœur combien il importe d'agir surnaturellement et d'attendre, de Dieu seul, sa récompense.

Elle était remplie de bienveillance pour ses chères enfants et toujours portée à les excuser. Ecoutons encore Sœur X : « Pendant mon séjour à Joyeuse, je fus chargée des jeunes filles à placer. Cet emploi me permit d'être fréquemment l'heureux témoin de la charité exercée par Mère Colette. Très souvent, aux fillettes qui nous venaient de la campagne, elle ne se contentait pas de donner l'hospitalité, mais elle suppléait à la pauvreté ou à l'incurie des parents. Le premier soin des Sœurs, après celui de l'instruction religieuse, était de visiter le trousseau pour s'assurer que la nouvelle venue était, avant d'entrer en service, pourvue du nécessaire en vêtements et chaussures. Je ne pourrais dire le nombre de chemises, jupes, corsages, qui furent confectionnés dans ce but. On ajoutait encore au trousseau, fil, laine et coton à repriser, afin que l'intéressée fût en mesure, sans toucher au bien de ses maîtres, d'attendre le paiement de ses premiers gages. La charité délicate de Mère Colette allait encore plus loin. Lorsque quelqu'une de ses enfants se trouvait souffrante ou fatiguée, elle venait à Joyeuse se soigner ou se reposer. Son état exigeait-il quelque supplément de nourriture, du vin, des œufs, du lait ? La bonne Mère allait elle-même à la cuisine chercher tout cela et, parfois, afin d'éviter les critiques, fournissait le montant des dépenses. Lorsque, pour des raisons sérieuses, il arrivait que des bonnes dussent changer de localité, la sollicitude de Mère Colette les précédait, pour leur trouver un asile sûr quand elle ne pourvoyait pas aux frais du voyage. La modique somme de 1 fr. 25 par jour, que les jeunes filles devaient, comme frais de pension, payer par acomptes, était souvent abandonnée à beaucoup d'entre elles, soit parce qu'elles appartenaient à une famille nombreuse, ou pour d'autres motifs. En 1912, je dus montrer nos registres aux contrôleurs du fisc. Ils y trouvèrent la preuve que des sommes respectables dues à Mère Colette et attestant sa charité, restaient impayées, sans chance de l'être jamais plus tard et n'en furent pas peu stupéfaits.

« Il était rare qu'une de ces enfants se mariât sans recevoir un cadeau. Combien qui, en montrant leur mobilier, pourraient nommer la bonne Mère comme principale donatrice ! »

« Elle se montrait très large pour autoriser la correspondance des Sœurs et des domestiques, n'ignorant pas tout le bien qui pouvait en résulter. Une Sœur lui disait : « Ma Mère, telle jeune fille m'écrit souvent, mais ne m'envoie pas de timbre, faut-il lui répondre ? » — « Oh oui, ma Sœur, elle est seule, éloignée, peut-être exposée, vous êtes sa Sœur, sa Mère, vos lettres lui feront du bien. Mais, avant d'écrire, demandez au bon Dieu qu'il vous inspire. Surtout, soyez bonne, très bonne, il faut que ces pauvres enfants sentent que nous leur portons un réel intérêt. Ne regardez pas aux timbres, c'est notre œuvre, si nous faisons des sacrifices, le nécessaire ne nous fera jamais défaut, la Providence veille sur nous. »

Une Religieuse chargée des enfants disait : « Je n'envoie jamais à notre bonne Mère celles dont je ne suis pas satisfaite, car au lieu de les punir, ou de les réprimander sévèrement, elle les gâte. »

Un jour, cette Sœur, à bout de patience, ne sachant comment en châtier une qui s'était rendue coupable d'une faute contre la probité, la conduisit à Mère Colette en lui disant : « Je vous amène une voleuse. » Elle énuméra le détail de son larcin et ajouta : « Je vais écrire à sa mère qui nous demande de la placer. » La Mère Colette lui répondit : « Ma Sœur, n'affligez pas cette pauvre femme. Quel chagrin elle éprouverait en apprenant que sa fille a été indélicate ! » Puis s'adressant à la jeune bonne, elle l'interrogea sur le motif qui l'avait fait agir et termina l'entretien en lui disant : « Demande pardon à ta Maîtresse, promets-lui de ne plus jamais recommencer, embrasse-moi et que tout soit fini. »

La chère Mère ne connaissait que la loi du pardon accordé plus que septante fois sept fois, toujours.

Elle exerçait sa charité envers tous. Les vieillards reçus dans la maison, en éprouvèrent, eux aussi, souvent les bienfaits. Si quelqu'un d'eux était sans ressources, elle savait, sans qu'il s'en doutât, lui faire parvenir les vêtements dont il avait besoin et pour ne pas laisser soupçonner le point de départ des colis, elle les préparait comme s'ils venaient du chemin de fer et disait à la sœur qui l'aidait dans sa bienfaisance : « Ma Fille, que notre main gauche ignore ce que fait notre main droite. »

Les Dames pensionnaires étaient aussi l'objet de ses soucis. Elle rappelait à ses Religieuses leurs devoirs envers elles. « Ce n'est pas seulement pour soigner leur corps que nous les recevons, mais nous devons viser plus haut et atteindre leur âme. » Elle voulait que la prière du matin et du soir fût faite dans les salles communes et qu'on y ajoutât même la lecture de la vie des Saints. Elle exigeait que tous les dimanches, les infirmes transportables fussent amenés à la Chapelle pour assister à la messe et entendre la parole de Dieu. Sa joie était grande, quand autour de l'autel, elle voyait toutes les places occupées par les bons vieux et vieilles et qu'elle les entendait prendre part aux chants liturgiques et de cantiques inoubliés depuis leur enfance.

Son zèle redoublait pendant leur dernière maladie et à l'approche de leur mort. Elle veillait à ce qu'on leur fit recevoir les Sacrements en pleine connaissance et tenait à les assister elle-même à leurs derniers moments. Il n'était pas rare de lui entendre dire, en plaçant un cierge béni entre leurs mains : « Ma bonne amie, le bon Dieu vous demande de faire le sacrifice de votre vie, n'est-ce pas que vous voulez bien mourir, pour aller près de Lui ? » Pendant les agonies qui se prolongeaient, elle demandait à saint Vigor, auquel elle aimait à s'adresser, d'intercéder pour le moribond.

La charité est une vertu rayonnante. Celle de Mère Colette était connue au dehors de sa maison. Comme nul n'ignorait qu'elle ne savait pas refuser, quand elle sortait en ville, elle ne tardait pas à être entourée du cortège de miséreux les plus variés. Lorsqu'elle se rendait à la maison de la rue Georges d'Amboise, les débardeurs du quai venaient souvent lui raconter leurs peines et leurs ennuis. Au milieu de ces assaillants pacifiques, elle n'était jamais embarrassée. Avec son bon sourire, elle avait pour tous le mot qui convenait et à l'occasion, savait l'accompagner d'une pièce discrètement glissée. Parfois, éprouvée dans sa santé, elle se faisait remplacer auprès de ces pauvres, dont quelques-uns étaient des ouvriers qui, ayant travaillé dans la maison, avaient deviné ou constaté la bonté de l'excellente Mère. Ils lui racontaient les détresses de leur foyer. Elle reçut des confidences révélant des infortunes de toutes sortes. Toujours elle trouvait le moyen de secourir. Une de ses Sœurs lui ayant demandé : « Ma Mère, avec toutes vos charges, comment pouvez-vous arriver à joindre les deux bouts ? Quel est votre secret ? » « Mon secret, c'est de ne jamais refuser, puis n'oubliez pas l'assistance de ma bonne sainte Anne qui ne m'a jamais fait défaut. »

Le premier objet de la charité de Mère Colette, c'étaient les âmes. Qui dira toutes celles qu'elle a soutenues, réconfortées, ramenées à Dieu ? Que de jeunes filles préservées du mal, ramenées dans la bonne voie par ses sages et judicieux conseils ! Que de personnes venues à Joyeuse pour y passer une heureuse vieillesse, y ont trouvé aussi, grâce à son concours et à ses prières, la faveur inappréciable d'une sainte mort !

Comme celle du Séraphique Patriarche son Père, sa charité n'allait pas seulement au prochain, mais aux animaux eux-mêmes. C'était pour elle une distraction, un délassement au milieu de multiples occupations de s'intéresser à eux. Certaine veille de fête, une Supérieure des environs arrive avec deux de ses Sœurs et frappe à sa porte. La Mère lui répond : « Entrez, nous sommes seize. » Elle soignait en effet ses oiseaux et ses chats. Puis elle ajouta : « Vous voilà ma petite Mère, j'avais pourtant bien dit à nos Sœurs que, pour votre arrivée, j'aurais voulu que ma chambre fût propre. Comme vous le voyez, il n'y a rien de fait. »

On a souvent vu des êtres inférieurs à l'homme témoigner à certaines âmes le respect et la soumission dans une mesure tenant du prodige. Etait-ce un hommage à leur droiture, à leur candeur, à leur pureté ? Nous tairons ici, par discrétion, quelques scènes qui se déroulèrent dans l'enceinte de Joyeuse et qui, intercalées parmi les récits contenus dans les Fioretti de saint François, ne les dépareraient pas.

CHAPITRE IX

SON HUMILITÉ

Dieu résiste aux orgueilleux, par contre, il prodigue sa grâce aux âmes humbles.

Mère Colette fut de celles-là. On l'entendait souvent dire : « Si on me manque parfois de respect, c'est ma faute, je suis une provocatrice et j'en demande pardon. » Une de ses Sœurs lui disait : « Je ne serai jamais Supérieure mais, si je l'étais, je voudrais que ma chambre fût irréprochable. » « Comme vous avez raison, ma Sœur, chez moi, il y a toujours quelque chose qui cloche. C'est une mauvaise habitude dont je ne puis me corriger. »

Au moment des visites du jour de l'an, la Mère prit une jeune Religieuse pour l'accompagner. La Sœur ayant constaté que sa Supérieure ne s'arrêtait pas dans les Communautés de la rue de Joyeuse, lui demanda : « Ma Mère, vous n'offrez donc pas vos vœux aux Visitandines et aux Dames Blanches qui sont nos plus proches voisines ? » « J'envoie simplement ma carte. Si je me produisais trop, ayant si peu de qualités, je perdrais ma maison. Il convient que je n'aille me pavaner nulle part. »

C'est un fait notoire que Mère Colette allait au parloir le moins souvent possible et ne perdait aucune occasion de s'y faire remplacer.

Un jour, une Religieuse de la ville se présente et demande Mère Sainte Colette. « C'était la Comtesse X..., de l'Oratoire. » La portière cherche la Mère et lui dit : « Il y a au parloir une Sœur qui demande à voir Mère Sainte Colette. » « Bien, ma Fille, envoyez Sœur X... ». « Mais, elle veut s'entretenir avec vous personnellement. » Mère Colette se présenta, salua la visiteuse et lui dit : « Vous demandez la Mère Sainte Colette ? Pour la trouver, il faut aller plus haut. » La Religieuse saisit la pensée et répliqua : « Si je ne trouve pas Mère Sainte Colette, je trouverai au moins Sœur Colette. » « Oui, elle est devant vous, et telle que vous la voyez, elle arrive du poulailler. »

Les deux Sœurs s'entretinrent longtemps et la visiteuse se retira, édifiée de tout ce qu'elle avait vu et entendu. A partir de ce jour, elle voua à Mère Colette une sincère affection.

Dans une autre circonstance, une Supérieure vint demander conseil au sujet d'une œuvre de Servantes qu'elle avait fondée dans une ville de la Beauce et qui périclitait. Mère Colette lui dit : « Je ne sais guère quels avis vous donner. Je n'ai point de méthode. Je demande l'aide de Dieu, de mes bons Saints, et je fais ce qu'ils m'inspirent. »

CHAPITRE X

SON ACTION SUR SES RELIGIEUSES

Le rôle bienfaisant de Mère Colette eût été insuffisant et incomplet s'il ne se fût exercé qu'envers les personnes du dehors. Dans sa pensée, ses Religieuses devaient être et furent toujours le premier objet de ses préoccupations et de sa sollicitude. Elle n'omit jamais de leur donner toute l'édification qu'elles étaient en droit d'attendre d'elle.

L'accomplissement de ce devoir lui était facile, par son culte pour la mortification et le parfait oubli de soi-même.

Pendant sept ans, son lit fut à la disposition de la Communauté. Dès qu'une Sœur se trouvait malade ou souffrante, elle prenait la chambre de la Supérieure qui allait se réfugier où elle pouvait. Les occupations les plus humbles, les plus accablantes, les plus répugnantes, étaient sa part de choix et de prédilection. Au cours d'un hiver, par un froid des plus rigoureux et, les circonstances l'imposant, elle se mit pendant plusieurs jours à faire la cuisine en plein air.

afin d'éviter cette peine à la Sœur qui en était chargée et de ménager sa santé.

Une Religieuse, nouvellement arrivée à la rue de Joyeuse, ne fut pas peu surprise de voir sa Supérieure accomplir un travail des plus pénibles. Sa première pensée fut de s'offrir pour la remplacer. Mais sentant que sa mortification ne pourrait aller jusque là, elle se cacha pour échapper au spectacle qui l'attristait. Elle finit par faire l'aveu de son peu de générosité à Mère Colette qui lui dit en souriant : « Je ne demande pareille chose à aucune de vous et en cela je cherche l'avantage de la Communauté. »

Elle paraissait un peu sévère pour les Sœurs nouvellement arrivées, sans doute afin de les mieux étudier.

Une jeune Religieuse, qui redoutait de l'avoir pour Supérieure, fut précisément envoyée à Joyeuse. Il fallut obéir. Dès le premier soir, elle reçut l'ordre d'aller coucher dans un dortoir, de retirer ses draps du lit le lendemain matin et de les porter sur la terrasse. L'épreuve dura pendant quinze jours. Au bout de ce temps, la Sœur n'y tint plus et abordant sa Supérieure, elle éclata en sanglots. Le cœur de la Mère s'émut : « Vous avez de la peine, ma Fille, prenez votre manteau, nous allons sortir, cela vous reposera. » Mère Colette la conduisit à Saint-Ouen, à la chapelle de la Vierge des Sept Douleurs, lui donna dix centimes pour faire brûler un cierge et ajouta : « Chaque fois que vous aurez de la peine dans votre emploi, priez Notre Dame. Elle a connu la souffrance, elle vous aidera. » Au sortir de l'église, c'était la veille de Noël, elle promena un peu la Sœur et elles revinrent au couvent à 6 heures du soir. Après la récréation, la Mère la fit venir et apprit d'elle ce qu'elle pensait. Cette Sœur fut consolée et disait ensuite : « Notre Mère est bien bonne, il faut que je m'accoutume à elle. »

Elle savait, en effet, se montrer compatissante envers les âmes affligées ou éprouvées. Une Sœur nous raconte : « Je subissais une crise pénible, comme il en est tant de fois dans la vie. N'y tenant plus, j'allai trouver notre Mère et lui expliquai mon état d'âme. Après m'avoir consolée de son mieux, elle me dit : « Ma petite Sœur, le devoir vous appelle auprès des jeunes filles, il faut vous y rendre. Vous aimez beaucoup notre Père Saint François, je vous promets de faire brûler une bougie aux pieds de sa statue, si vous avez confiance, vous serez bientôt soulagée. » La Sœur assure, qu'en effet, la joie et la paix rentrèrent dans son âme.

La bonne Mère avait la coutume de déposer un cierge ou une bougie devant l'image des Saints, lorsqu'elle désirait obtenir quelque grâce par leur intercession.

Ayant, un jour, à adresser une observation pénible et désirant vivement que la coupable vint à elle la première, elle alluma une bougie devant le petit autel de sainte Anne. La personne qui s'était mise en faute fut poursuivie toute la journée par la pensée que cet acte de piété avait été accompli à cause d'elle. Le soir, elle se rendit chez la Supérieure et lui dit : « Ma Mère, il me semble que vous devez avoir quelque chose à me dire. La bougie n'avait-elle pas été placée en face la statue de sainte Anne à mon intention ? » — Mère Colette lui répondit : « La bonne Sainte a bien travaillé » et elle fit son observation.

Une Religieuse avait réussi à se soustraire à un acte de mortification qui lui était demandé. Se trouvant un peu plus tard en face de Mère Colette, elle s'entendit interpeller ainsi : « Ma Sœur, vous ne vous êtes pas soumise au sacrifice qui vous a été suggéré il y a quelque temps. Aujourd'hui, je vais vous en imposer un autre. Vous allez être changée d'emploi et je vous défends d'en parler à personne. Lorsque vous aurez terminé vos préparatifs, vous reviendrez ici et je vous conduirai à votre poste. La Sœur s'inclina, mais demanda à la bonne Mère : « Me permettrez-vous d'emporter la statue de saint Antoine qui m'a été offerte ? » — « Ma Sœur, lui répondit Mère Colette, saint Antoine est très bien là où il est, vous l'y laisserez; s'il veut présider dans votre emploi, il saura bien y venir. » — Le sacrifice fut accepté par la Sœur à laquelle une statue plus belle et plus grande fut offerte.

Mère Colette s'entendait à merveille à faire pratiquer le renoncement, si efficace pour maintenir l'observance de la pauvreté. Pour elle-même, elle se contentait du strict nécessaire et tenait à préserver ses Sœurs de tout superflu.

Une de ses Religieuses ayant reçu, en cadeau, à l'occasion de sa fête, un parapluie assez élégant, le présente à la Supérieure et lui demande l'autorisation de s'en servir. — « Ma Fille, lui répondit celle-ci, je ne puis vous permettre de faire du Purgatoire pour si peu de chose. Plus tard, vous me le reprocheriez. D'ailleurs, le parapluie est bon pour une demoiselle, mais pas pour vous. Si saint François vous rencontrait, le tenant à la main ou ouvert sur votre tête, il ne vous reconnaîtrait pas. »

Une autre Sœur s'entretenant avec Mère Colette consulte sa montre. « Mais d'où tenez-vous cet objet, lui demanda la Mère, il conviendrait à un enfant, mais n'est pas fait pour une Religieuse ? Déposez-le sur mon bureau. » — « Mais, ma Mère, c'est vous-même qui me l'avez donnée, sachant combien elle m'est nécessaire. » — « Bien, ma Fille, on y pourvoira. » — Le jour même la Sœur recevait de sa Supérieure une grosse montre d'homme. En la lui remettant, elle lui dit avec un sourire : « Voilà quelque chose de très bien pour une Religieuse. »

Je ne puis passer sous silence, écrit une autre Sœur, quelques faits qui me sont personnels et démontrent à quel point la Mère tenait à ce que ses Filles fussent imbues du véritable esprit religieux. J'avais, à mon usage, un petit bagage de livres pieux, auxquels je tenais, parce qu'à mon avis, leur lecture m'était profitable. Je parlais de ces ouvrages, les vantais et les prêtais à l'occasion. Elle l'apprit et me demanda à les voir. Je les lui apportai. Elle me donna, avec la clef de la bibliothèque, l'ordre d'aller y déposer tous mes livres, sauf une Imitation de Jésus-Christ, qu'elle voulut bien m'autoriser à conserver.

Lui ayant fait observer, un autre jour, que des réparations étaient nécessaires à ma couronne Franciscaine, je lui laissai deviner que j'y étais attachée, parce qu'elle m'avait été remise en même temps que le Saint Habit et aussi à cause de la beauté des grains. Elle la prit et m'en donna une autre provisoirement. Lorsque j'eus présumé que le temps suffisant pour la remise en état de mon chapelet était écoulé, je me présentai pour le réclamer. Elle me répondit qu'elle en avait disposé.

Alors que je m'occupais des jeunes filles, j'avais conçu l'idée d'une boîte à compartiments, où chacune aurait déposé, exactement numéroté, son ruban de Congréganiste, et eût pu le retrouver chaque dimanche. J'avais fait part de mon intention à Mère Colette et sans prendre suffisamment garde à la manière de solliciter son autorisation, j'avais commandé cette boîte, qui fut livrée quelques jours après. Je l'aperçus avec joie, conditionnée tout à fait selon mon désir. Mais, mon bonheur s'atténua devant l'indignation de la bonne Mère, qui me déclara que cette boîte ne serait pas utilisée, parce qu'elle avait été fabriquée sans permission. En effet, pendant plusieurs semaines, l'objet resta exposé dans la chambre de la Supérieure et ne fut affecté à sa destination, que grâce aux instances réitérées des Sœurs.

Son zèle pour l'âme de ses Filles était ardent. Elle les exhortait sans cesse à viser au plus et au mieux. Dès qu'il lui semblait constater en quelqu'une un manque d'ardeur, elle n'omettait pas de lui dire : « Ma Sœur, je vous trouve moins bonne, veillez sur vous et n'oubliez pas que, pour enseigner efficacement la vertu, il est indispensable de la pratiquer. »

Une jeune Professe vient trouver Mère Colette et lui exprime ses craintes au sujet de sa vocation. « Il me semble, lui dit-elle, que je me suis trompée en venant ici et que Dieu m'appelait plutôt chez les Clarisses. » — « Vous voudriez donc être Clarisse, ma Fille ? » — « Oui, ma Mère. » — « Quel motif vous pousse à désirer, après votre Profession, changer de Communauté ? » — « Je trouve qu'on ne fait pas, ici, assez de pénitences. Je compte, dans ma famille, un membre éloigné du bon Dieu. Je voudrais, au prix des sacrifices et des austérités pratiqués dans le second Ordre de saint François, obtenir sa conversion. » — « Ma pauvre petite, répondit la Mère, ne pensez plus à abandonner votre belle vocation de Servante de Marie, je vous promets de vous faire vivre en Clarisse. » — Elle tint parole. Pendant sept ans, elle fit pratiquer à cette Sœur le renoncement à la volonté d'une manière si assidue, que pour ne pas se révolter, elle devait se rappeler la grâce insigne qu'elle sollicitait.

A chaque instant, elle la faisait demander pour s'informer de ses occupations, lui enjoignait d'abandonner un travail à peine commencé pour en entreprendre un autre. Cette épreuve durait des journées entières. La Sœur comprit que, si les pénitences corporelles sont estimables et spirituellement avantageuses, les sacrifices intérieurs sont autant et peut-être plus méritoires. Après sept années de persévérance, Dieu n'avait pas encore accordé la conversion désirée, mais la Mère adoucit sa sévérité, engagea la Sœur à redoubler de confiance et d'espoir.

Dans les grandes circonstances, telles que les veilles du jour de l'an, de sa fête et de Pâques, elle réunissait ses Religieuses. Après un pieux entretien, elle leur donnait le baiser de paix et disait à celles qui s'occupaient de la jeunesse : « Mes petites Sœurs, paissez mes agneaux avec le plus grand soin. »

CHAPITRE XI

SON ZÈLE POUR LES ŒUVRES

Le soin apporté par la vénérée Mère pour sa propre sanctification et le progrès spirituel de ses Sœurs ne la laissait pas indifférente à l'égard des personnes du siècle et des œuvres qui pouvaient contribuer à leur avantage.

En 1886, M. l'abbé Bazire qui avait déjà fondé son hospitalité de nuit pour les hommes, projetait autre chose. Il voulait un asile pour les femmes. Mais il ne pouvait ni l'ouvrir ni le maintenir, sans s'être assuré le concours de Religieuses. On lui avait parlé de Mère Colette. Il vint la trouver. Ces deux grandes âmes, riches du même désir de se dévouer aux déshérités de ce monde, se comprirent facilement. La bonne Mère donna avec grande joie son acceptation. Ce fut une œuvre de plus entre les mains des Sœurs Franciscaines.

Mère Colette avait au cœur un profond amour de la vie religieuse, à laquelle elle eût voulu amener un grand nombre d'âmes. Elle souffrait en constatant que beaucoup de jeunes filles, pour raisons de famille et autres, ne pouvaient entrer au couvent. Elle cherchait un moyen pour leur procurer la facilité de se consacrer à Dieu. Elle crut l'avoir trouvé en projetant de fonder dans sa maison, une Société de Sœurs agrégées. Après avoir longtemps prié, elle soumit sa pensée à M. Venot et à la R. Mère Marie du Saint-Sacrement, Supérieure Générale. L'un et l'autre entrèrent dans ses vues et lui permirent de faire un essai. Elle trouva dans sa maison les premiers éléments pour son œuvre.

Le costume fut soumis à l'approbation de la Mère Générale. Il devait consister en une robe noire, un fichu, un tablier à pièces de même couleur. Une corde noire, un Christ de cuivre sur la poitrine, une petite coiffe blanche et un voile noir pour assister à la Sainte-Messe et aux saluts du Saint-Sacrement. La règle était celle du Tiers-Ordre séculier de Saint François d'Assise, avec l'adjonction d'un coutumier spécial.

A la date du 27 avril 1888, la Mère Générale agréa ces propositions en ces termes :

« Je vous prie de dire à Mademoiselle Marie que je la félicite, ainsi que ses compagnes, du privilège qui leur est accordé par leur admission comme agrégées au Tiers-Ordre ainsi qu'à notre Congrégation. Je désire qu'elles soient soumises et dévouées, qu'elles deviennent de bonnes et saintes filles. Que Notre-Seigneur les bénisse et leur accorde la grâce de persévérer jusqu'à la mort. »

A son tour, M. Venot écrivait à Mère Colette : « Que le Seigneur vous bénisse, vous et toutes vos Sœurs agrégées. »

La bonne Mère était heureuse. Elle agissait en conformité de pensées avec ses Supérieurs. Les aspirantes furent admises à la prise d'habit. Mais, après un essai de quelques mois, Mère Colette se rendit compte qu'une énorme difficulté existait à la base de la nouvelle société, l'absence de formation. Les jeunes filles n'ayant pas passé par un postulat assez long, ne se persuadaient pas, comme il l'eût fallu, qu'elles devaient aux Sœurs respect et obéissance. Elles devinrent arrogantes, intraitables. A son passage à Rouen, la Mère Générale reçut tant de plaintes, qu'elle n'hésita pas à décider la dissolution de cette œuvre qui vécut une année.

Cette suppression fut une peine pour Mère Colette. Mais, parce qu'elle n'avait agi que pour la gloire de Dieu et le salut des âmes, sans aucune recherche d'elle-même, elle trouva très vite, dans son esprit de foi et son profond respect pour les décisions de l'autorité, la force de faire généreusement le sacrifice de cette création qui lui tenait tant à cœur, parce qu'elle avait cru y voir un avantage pour sa Congrégation.

En 1889, Mgr Thomas fit demander Mère Colette pour lui dire : « J'ai appris que le Cercle catholique, contigu à votre Communauté va être vendu. Il me semble que cet immeuble vous est nécessaire et je vous conseille de l'acheter. » — « Monseigneur, lui répondit la Mère, nous ne le pouvons en ce moment, nous portons le poids de nos premières dettes. Il vaudrait mieux attendre quelques années avant de songer à nous agrandir. » Le vénérable Prélat, voyant qu'il lui serait difficile de triompher de la volonté de Mère Colette, ajouta : « Il est absolument nécessaire que vous achetiez cette maison. Car si vous ne le faites pas, il est possible qu'elle soit acquise par une autre Communauté dans le genre de la vôtre. Comprenez-vous la raison de mes instances ? » Mère Colette remercia vivement son protecteur. Le cercle fut bientôt acheté et il ne devait pas tarder à lui servir pour y créer l'œuvre des hommes, destinée à l'hospitalisation de Messieurs âgés et infirmes.

Elle commença en 1890. La chapelle fut remise en état. Sa Grandeur permit qu'on y conservât la Sainte Réserve et, le 13 février 1891, y autorisa même un binage pour les dimanches et les fêtes.

En mars 1891, la chère Mère tomba malade. Son état devint si alarmant, que M. le Chanoine Fouard, alors Supérieur, jugea prudent de lui administrer les derniers sacrements. La Communauté était dans la désolation. Mère Colette sentit l'inquiétude de ses Filles. Elle voulut savoir de son assistante, Mère Julie, si elle était en danger. Sur sa réponse affirmative, elle lui dit : « Puisque vous me trouvez si mal, prévenez nos Supérieurs, je ne voudrais pas mourir avant d'avoir vu notre R. Mère. » Dès que la Supérieure Générale eut été avisée, elle accourut et resta auprès de la chère malade, jusqu'à ce qu'elle fût hors de danger. De tous côtés, on se mit en prières pour obtenir le rétablissement de celle dont la vie était encore si nécessaire pour l'achèvement de tout ce qu'elle avait commencé. Pendant sa maladie, elle reçut de grands témoignages de sympathie, venant de toutes les classes de la Société. Mgr Thomas vint la visiter. En entrant dans sa chambre, il lui fit ce paternel reproche : « Comment, Mère Colette, vous vous avisez d'être malade sans me prévenir ? Est-ce que vous auriez voulu partir sans la bénédiction de votre Archevêque ?... Je vous défends de mourir. » Et le vénéré Prélat la bénit.

M. Venot lui écrivait le 6 avril : « J'ai bien regretté votre maladie et ai prié pour vous, ma bonne Sœur Colette. Les dernières nouvelles que j'ai reçues, par votre Mère Générale, m'ont rassuré et me donnent une vraie espérance. Dieu soit béni ! Nous continuerons de lui demander qu'il ne surgisse pas de nouvelles complications fâcheuses et que vous entriez en pleine convalescence, suivie d'un complet rétablissement. J'ai demandé cette grâce ce matin à la Sainte-Vierge, dont nous célébrions aujourd'hui l'Annonciation, fête si chère à toute la Communauté. Marie ne nous la refusera pas. Elle nous l'obtiendra de son Divin Fils. »

Le premier mai, il écrivait encore : « Oui, Dieu soit loué ! Je m'associe bien à la joie de toutes vos Sœurs qui se réjouissent de votre retour à la santé et à votre reconnaissance au souvenir du 3 mai, jour anniversaire de votre fondation en Normandie. »

» Dimanche prochain, je célébrerai la Sainte Messe à votre intention, en union avec toutes vos Sœurs. Ménagez-vous bien. Prenez toutes les précautions qui vous sont recommandées, étant sage et prudente, comme il convient, après la terrible secousse que vous avez éprouvée. Je vous bénis toutes, vous particulièrement, ma chère Fille, de tout cœur. »

Avec la santé, Mère Colette recouvra son activité inlassable.

Après la mort de S. E. le Cardinal Thomas, les Religieuses de Marie-Joseph durent abandonner l'œuvre des filles libérées qu'elles dirigeaient à Darnétal, près Rouen. Elles furent remplacées par les Sœurs du Saint-Cœur de Marie qui voulurent atteindre un autre but que celui poursuivi par leurs devancières. Mère Colette s'inquiéta du sort des malheureuses qui, en sortant de prison, n'auraient aucun asile pour les accueillir. Un chanoine vint lui demander de les recevoir. Elle accepta avec empressement, disposa un local, l'ouvrit à quelques pauvres filles sortant de la maison de détention Bonne-Nouvelle et les plaça sous le vocable de sainte Marguerite de Cortone.

Son généreux désir n'eut qu'une courte réalisation, Mgr Sourrieu ayant rappelé les Sœurs de Marie-Joseph qui reprirent leur ancienne œuvre.

Mère Colette voulut tenter autre chose : hospitaliser des jeunes filles afin de les arracher à une mauvaise vie. Là encore, une déception l'attendait. Elle dut vite reconnaître que le local dont elle disposait ne se prêtait pas à son projet et que son désir de faire du bien à quelques-unes, pouvait être néfaste au plus grand nombre, par de malsains contacts. Elle y renonça donc sans hésiter.

C'est alors qu'elle revint à la pensée de sa vénérée fondatrice : prendre des enfants pour les former à la vie de domestique, les placer et continuer par un patronage de les surveiller, jusqu'à ce qu'elles aient pris un parti fixant définitivement leur avenir. Elle donna à son œuvre une nouvelle patronne et plaça ces enfants sous la protection de sainte Marguerite Colonna.

La bonne Mère continua de diriger en paix sa maison et tous les services compliqués qu'elle renfermait. jusqu'à ce que la Providence jugeât bon de l'affliger par de nouvelles épreuves.

En 1901, les Communautés religieuses furent mises en demeure de demander l'autorisation gouvernementale pour exister légalement. En juillet, la R. Mère Gabrielle, Supérieure Générale, adressa sa requête au Ministère des Cultes.

Tous les Supérieurs d'Ordres ne jugèrent pas à propos d'agir de même.

A cette date, le Diocèse de Rouen était gouverné par un Prélat de grande valeur, mais déférent envers les Pouvoirs publics et la législation établie.

Il fit appeler Mère Colette, lui demanda si elle s'était mise en règle avec la loi. Sur sa réponse affirmative, il lui ajouta : « Désormais, vous ne prendrez plus part aux réunions de domestiques présidées par des Religieux n'ayant pas sollicité l'autorisation. »

Ce fut en vain que la bonne Mère essaya de faire valoir toutes les raisons qui lui paraissaient plausibles. Elle objecta que, venue à Rouen pour aider les Pères, il lui semblait impossible d'abandonner les réunions. Sa Grandeur insista, dit sa crainte de voir surgir des difficultés et exprima nettement son intention de ne soutenir que les seules Communautés qui se seraient soumises à ses ordres. « Vous ferez, dit Monseigneur, vos réunions chez vous, et elles seront présidées par votre aumônier. »

Cet ordre était trop précis pour n'être pas considéré comme formel et malgré tout ce qu'il avait de pénible pour elle, la Supérieure dut l'exécuter.

Il fut un coup de foudre pour le vénérable Religieux Fondateur de la Maison, qui se voyait désormais privé du concours des Sœurs dont pendant tant d'années il avait apprécié et admiré le dévouement.

Il multiplia ses protestations orales auprès de Mère Colette, lui reprochant de manquer à ses engagements. Quand les paroles lui parurent inefficaces, il adressa des lettres, longues et fréquentes, dont la lecture fit souvent verser d'abondantes larmes à leur destinataire.

Ce bon Père, attaché par toute l'ardeur de son zèle à l'œuvre de ses chères domestiques, sembla jusqu'à sa mort ne pouvoir admettre l'absolue soumission des Sœurs à leur Archevêque. Ce ne fut pas une des moindres épreuves infligées au cœur de Mère Colette.

Aussitôt la décision de Monseigneur promulguée, le dévoué aumônier de la Communauté commença les réunions du dimanche. Par un sentiment de délicate déférence envers le Fondateur, il ne voulut pas former une association d'Enfants de Marie. Il institua une Archiconfrérie de la Garde d'Honneur du Sacré-Cœur, qui compte un grand nombre de jeunes filles adhérentes et qui est devenue pour elles un centre de ferveur et une source de bénédictions pour l'œuvre des Servantes.

CHAPITRE XII

SA DERNIÈRE MALADIE
SA MORT

Epuisée par un travail incessant et minée par une affection cardiaque, Mère Colette dut s'aliter au début de 1914. Avant que vint sa dernière heure, il lui restait à gravir un long et rude calvaire. Dès qu'elle se sentit atteinte, elle perdit toute illusion et comprit qu'elle ne devait plus envisager que l'éternité prochaine. Ce fut une lutte terrible dans cette nature si vivante et toujours énergique. La pensée de l'au-delà la tourmentait. Une de ses Sœurs se trouvant seule auprès d'elle, lui demanda : « Ma bonne Mère, est-il possible que vous redoutiez la mort autant que vous le dites ? » — « Oui, ma Fille. » — « Mais pourquoi craignez-vous ? Vous avez fait tant de bien ! Que de Religieuses vous doivent leur vocation, d'autres leur persévérance ! Que de jeunes filles vous avez soutenues ou ramenées dans la bonne voie ! Le nombre de ceux qui sont partis d'ici pour le ciel est considérable, et tout cela, ma Chère Mère, a été fait par vous. Ayez donc confiance. Notre vénérée Fondatrice viendra au-devant de vous. C'est vous qui l'avez le mieux comprise, qui avez donné l'élan à ses œuvres. Elle vous accueillera bien. » La bonne Mère répondit : « Oui, je compte bien que la Mère Fondatrice viendra au devant de moi. » Cet entretien se termina par la bénédiction de la Mère et la promesse des ferventes prières de la Sœur pour abréger son purgatoire.

Malgré tout, la terreur de la mort la saisissait souvent. « La pensée de me trouver seule devant Dieu m'épouvante, disait-elle. Et personne pour me défendre. » A chaque visite du confesseur, elle lui faisait part de ses angoisses, puis le questionnait, anxieuse : « Suis-je prête ? Que me reste-t-il à faire ? » On l'entendait dire parfois : « J'aime tant la vie. Je m'y rattache dès que j'éprouve un peu de mieux, pourtant je sens que je touche à ma fin. » Et elle en offrait à Dieu le sacrifice.

La chère malade disait vrai. Ses jours étaient désormais comptés. Dominant ses impressions par sa foi ardente, elle voulut regarder en face cette mort tant redoutée.

L'admirable esprit surnaturel qui avait animé toute sa vie religieuse se manifestait en toutes circonstances, dans ses prières, dans ses entretiens avec ses Sœurs, avec les Ecclésiastiques qui venaient la consoler par leur présence. Que de fois elle nous édifia nous-même ! « La présence du prêtre, disait-elle, est pour moi une source de grâces et sa bénédiction une consolation et un réconfort. »

Son union avec Dieu était pour ainsi dire continuelle. Ne pouvant faire de longues prières, elle multipliait ses oraisons jaculatoires, formulait des actes de foi, d'espérance, de charité, disait très souvent : « J'attends tout de Dieu », ou encore la parole du Psalmiste : « J'ai mis mon espoir en vous, Seigneur, je ne serai point confondue. »

Le jour où la bonne Mère n'avait pas le bonheur de faire la Sainte Communion, elle attendait avec une sainte impatience le retour de sa garde-malade. Dès que celle-ci entrait dans sa chambre, elle la priait de déposer un baiser sur son front. Sa foi vive lui représentait Jésus, venant à elle dans la personne de la Sœur et lui accordant cette caresse. A ce moment, elle faisait la Communion Spirituelle. Quand le Sauveur venait sacramentellement à elle, elle demandait à la Religieuse de réciter les actes avant et après la Communion, ajoutant avec grande humilité : « vos prières sont plus agréées de Dieu que les miennes. »

Elle aimait à réciter la formule de Madame Elisabeth de France. A la fin de chaque journée, elle remerciait Dieu de la lui avoir accordée pour se préparer à paraître devant Lui. Les nuits étaient ordinairement fort pénibles pour elle. Aussi, chaque soir, choisissait-elle un Saint ou une Sainte comme protecteur et se sentait-elle fortifiée, à la pensée de ce secours céleste.

Son grand désir était de réparer tout ce qu'il y avait eu de défectueux dans sa vie. Elle offrait souvent ses souffrances à Dieu à cette intention. Mais elle mettait surtout sa confiance dans les mérites de Notre-Seigneur et dans son infinie miséricorde. Elle implorait l'assistance de la

Très Sainte Vierge, de saint Joseph et de sainte Anne, c'étaient ses Saints et Saintes préférés.

Elle se reprochait d'avoir trop peu aimé son Séraphique Père et disait à ses Filles avec simplicité : « Je lui fais des excuses de ne pas l'avoir assez prié. » En réparation, elle fit placer une statue de saint François en face de son lit, afin de l'invoquer plus souvent.

Dès qu'elle se sentait mieux, elle voulait converser avec ses Sœurs. Les œuvres étaient toujours l'objet de ces entretiens. Quelques jours avant sa mort, les Supérieures de deux maisons de Normandie se trouvaient près d'elle. La chère malade semblait reposer et les Mères la regardaient silencieuses. Tout à coup, sortant de son apparent sommeil, elle questionna :

« Etes-vous là, mes petites Sœurs ? »

— « Oui, ma Mère ».

— « Je vous recommande nos œuvres. Vous êtes les anciennes de notre Congrégation. Aimez-la, servez-la, et veillez à ne pas y laisser entrer d'abus. La pente est glissante et beaucoup sont portées à la suivre. » Elle recommandait la confiance en sainte Anne, sa bonne pourvoyeuse, mais surtout un parfait abandon à la divine Providence, et l'estime de la vocation, ajoutant : « Si j'avais à recommencer ma vie, c'est encore au Noviciat de Blois que j'irais me présenter. » Elle terminait en bénissant ses Filles. Toutes gardent le souvenir de la foi et du respect avec lesquels elle accomplissait cet acte. Lentement, d'une voix faible, mais pourtant bien distincte, elle disait, en traçant un signe de Croix sur le front de chacune : « Je vous bénis, ma Fille, vous, toutes vos intentions, votre famille. Que le bon Dieu vous garde toujours dans sa sainte paix. ! » Ces paroles remplissaient d'une douce suavité l'âme des Religieuses.

De son lit de souffrance, elle songeait à ses favoris les indigents. Accoutumés à ses libéralités, elle ne voulait pas qu'ils eussent à souffrir de son absence. Elle chargea une Sœur de la remplacer auprès d'eux. Les malades de la maison étaient aussi l'objet de sa sollicitude. Souvent, elle se faisait préparer quelques douceurs. C'était pour les leur faire passer, accompagnées discrètement d'une petite pièce, dont elle devinait l'emploi.

Lorsque le 2 août 1914, elle apprit la déclaration de guerre, la chère Mère fut atteinte jusqu'au fond de son cœur de Française. Les tristes souvenirs de 1870 lui revinrent à l'esprit. Elle songea avec effroi à la possibilité pour elle de revoir la botte des barbares fouler à nouveau le sol de notre pays. Sollicitée de créer dans sa maison une ambulance, elle accepta avec empressement et manquant de Sœurs, rue de Joyeuse, pour cet emploi, elle fit appel à celles de la rue Georges-d'Amboise.

A partir de ce moment et en quelques semaines, la maladie fit de rapides progrès. La Mère s'en rendit compte et l'éternité devint sa seule préoccupation. La pensée de Dieu ne la quitta plus. Parfois, elle faisait oraison à haute voix, édifiant son entourage par sa profonde humilité, se déclarant indigne d'avoir été appelée au service de Dieu, auquel elle recommandait la Sainte Eglise, la France, son Institut, sa chère maison de Joyeuse, ses œuvres et particulièrement celle des Domestiques.

Nous avons parlé, dans un précédent chapitre, d'une Religieuse désireuse de se faire Clarisse et des sacrifices qu'elle s'était imposés en vue d'obtenir la conversion d'une âme chère. La Sœur n'ayant pas encore reçu cette grâce et voyant sa Supérieure sur le point de la quitter, voulut une fois de plus recommander son intention à la chère mourante. La Mère lui promit de ne pas l'oublier quand elle serait près de Dieu et fut fidèle à sa parole. La personne en question revint à son devoir et fit une fin très édifiante.

La même Sœur, demandant à Mère Colette ce qu'elle devrait faire pour elle après sa mort, reçut cette réponse : « Tous les soirs, vous réciterez un « **De Profundis** » pour le repos de mon âme; lorsque je n'en aurai plus besoin, la Sainte-Vierge en appliquera le fruit à d'autres. Puis, vous baiserez sept fois la terre en l'honneur des sept douleurs de Marie, afin de maintenir sa maternelle protection sur l'œuvre des Domestiques. »

Se sentant faiblir de jour en jour, elle exprima le désir de voir la R. Mère Générale dont elle voulait recevoir une dernière bénédiction avant de quitter cette terre. Sa Supérieure s'empressa de répondre à son appel.

Aucune illusion n'était plus possible. La fin approchait rapidement. La vénérée Mère qui, au début de sa maladie, était toute angoissée par la crainte de la mort et du jugement de Dieu, jouissait maintenant du plus grand calme. Confiante en la miséricorde et l'infinie bonté du Maître qu'elle avait si fidèlement servi, elle demandait seulement, sans cesse, à Notre-Seigneur d'avoir pitié d'elle. Ses supplications furent particulièrement émouvantes la nuit qui précéda sa mort.

Le 19 novembre, fête de sainte Elisabeth, elle fit la Sainte Communion pour sa Communauté et aux intentions de la Sœur portant ce nom.

Le samedi 21, on récita près d'elle les prières des agonisants. Elle s'y associa avec une grande piété et reçut le Saint Viatique.

Au matin du dimanche 22, elle demanda la Communauté et lui recommanda une dernière fois la paix, l'union fraternelle, le dévouement aux œuvres et promit de rester unie à sa chère Famille de Joyeuse.

A diverses reprises, la bonne Mère avait manifesté le désir de mourir en présence d'un prêtre et de sa Communauté. Sur ce point elle fut encore exaucée. Ce fût assistée de son Supérieur, de l'Aumônier de sa maison et entourée de ses Religieuses, qu'en pleine connaissance, elle rendit le dernier soupir en disant : « Mon Dieu. Ma Sœur. »

La douleur de ses Sœurs, du personnel de la maison, de ses nombreux amis fut profonde. La Mère était si bonne et tenait une si grande place dans les cœurs !

Ses funérailles furent simples, comme il convenait pour une humble Fille de Saint François. Si nombreux vinrent ceux qui tenaient à rendre un dernier hommage à la charité de la vénérée défunte, que la chapelle du Couvent put à peine contenir la moitié de l'assistance.

Monsieur le Supérieur prit la parole et retraça rapidement la vie toute de dévouement et de bonté de la regrettée Mère. Son langage, inspiré par le respect et un profond attachement, impressionna vivement l'auditoire, bien des larmes coulèrent pendant cette courte et émouvante oraison funèbre.

Un nombreux clergé entourait le cercueil. La R. Mère Générale, accompagnée de la Mère Maîtresse des Novices, conduisait le long cortège des Supérieures des Maisons de Normandie et d'un grand nombre de Sœurs, suivies d'une délégation des Communautés de la Ville. Toutes les œuvres étaient représentées; les Messieurs, les Dames pensionnaires, les Domestiques, les enfants de l'Ouvroir, les soldats de l'ambulance, les femmes de l'hospitalité de nuit, (Mademoiselle Bazire avait eu la délicate attention d'envoyer une délégation d'hommes), les amis, les bienfaiteurs de la maison, les fournisseurs, les pauvres. Tous avaient voulu donner à Mère Colette cette marque d'estime et de reconnaissance.

Le corps de la vénérée défunte repose au Cimetière Monumental en attendant la suprême résurrection.

Les domestiques, conscientes de la maternelle sollicitude que Mère Colette leur avait témoignée pendant 37 ans, firent au cours de l'année qui suivit son décès, célébrer une messe le mardi de chaque semaine pour le repos de son âme. C'était le tribut d'une partie de leur gratitude.

Les années passent depuis la disparition de la digne Mère. Sa physionomie et son œuvre n'en demeurent pas moins très vivantes.

Souvent, agenouillés près de son tombeau, ses Religieuses, ses amis, se sont demandé : « Faut-il prier pour elle ou l'invoquer ? »

Le souvenir des justes reste comme un puissant réconfort à ceux qui les ont connus et admirés et leur fidélité dans la vertu nous presse de les imiter.

TABLE DES MATIÈRES

ROUEN
Imprimerie de la Vicomté
Rue de la Vicomté, 75
—
1927

www.ingramcontent.com/pod-product-compliance
Ingram Content Group UK Ltd.
Pitfield, Milton Keynes, MK11 3LW, UK
UKHW020919180726
13838UKWH00002B/645